パナマ

歴史と地図で
旅が10倍おもしろくなる

パナマ地峡を横切るパナマ運河

パナマ運河と世界の海上物流

パナマ運河は中央アメリカのパナマ共和国にある、太平洋と大西洋（カリブ海）を最短距離で結ぶ運河である。1914 年の運河完成により、南アメリカ南端ホーン岬まわり、アフリカ南端喜望峰まわり、或いはスエズ運河利用に比べて大幅に航行日数を減らすことができた。全長約 80 キロ。

現在、多くの船舶のサイズはパナマ運河の閘門《こうもん》のサイズに合わせた国際的基準「パナマックスサイズ」と呼ばれ、全長 294 メートル、全幅 32.3 メートルで作られている。拡張工事完成後は、それぞれ最大 366 メートル、49 メートルまでの航行が可能となり、通過可能船舶の範囲が大幅に拡大する。

パナマ運河は、海抜 26 メートルのガトゥン湖が存在するなど運河中央部の海抜が高いため、3 段の階段状の閘門を使い船の水位を上下させて通過させている。東アジアとアメリカ東部・ヨーロッパ間などの海上輸送に多く利用され、日本は、アメリカ、中国、チリに次いで 4 番目に多く利用している。

■東海岸と西海岸を結ぶ3つのルート

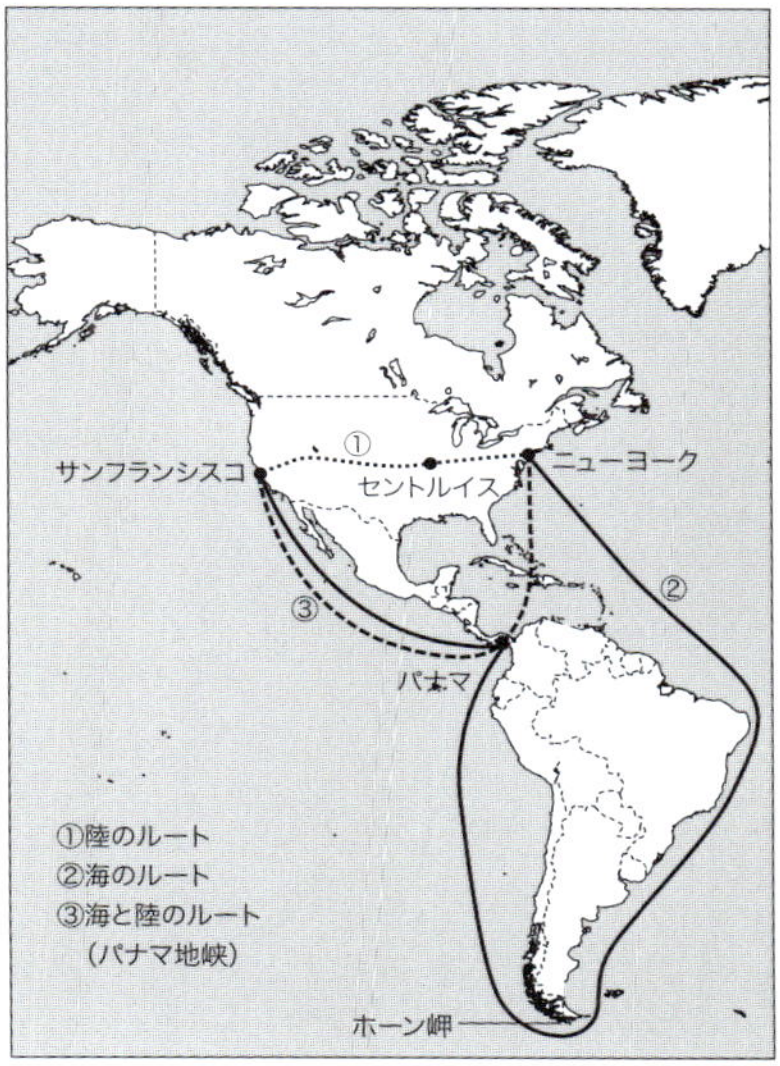

■パナマ運河構造図

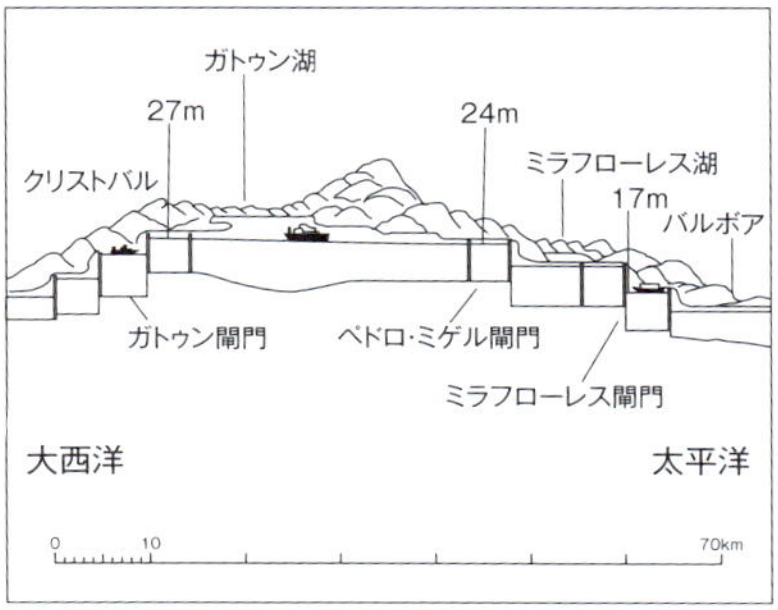

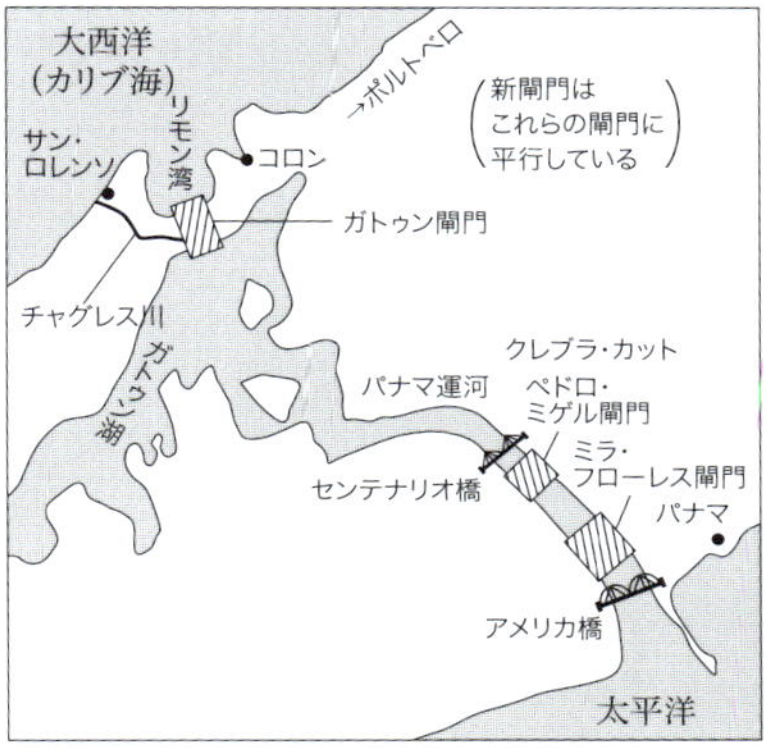

パナマ運河

パナマ地峡を横断するには山を越えなければならない。

パナマ運河には、太平洋側、大西洋（カリブ海）側、それぞれ3段の階段状の閘門（水門）があり、水のエレベーターのようなしくみで、船は26メートル昇降して山を越える。2016年6月には新パナマ運河が開通。

ミラフローレス閘門　左側の水面は右側の水面より低い

浚渫船（左はクレブラカット）

クレブラカットと
センテナリオ橋

山を切り開いたクレブラカットの
難工事を描いた図

運河を通過中の大型船
（平行して走る鉄道から見る）

パナマ運河通過体験

① 閘門に入っていく。これから太平洋に向かって下がっていく。

② 横には日本製の誘導機関車

③ 前の門は閉まっている。

④ 閘門に入ると後ろの門も閉まり、水面が下がっていく。

⑤ 前の水面と同じ高さまで下がりきると、前の門が観音開きに開く。

⑥ 門が開ききると、前に進み、また幅の広い運河部分に出る。これでひとつ閘門を通過した。
(水のエレベーターをひとつ下がった)

大西洋側。
右端の高いところにいる船がガトゥン閘門を左方向に下がっていく。

運河を通過して太平洋に出るところ。
アメリカ橋。

コロンブス以前の世界地図

南北アメリカ大陸はなかった!

プトレマイオス図 （2世紀ごろ）

2 世紀のギリシャの天文・地理学者、プトレマイオスの地図に影響を受けたヨハネス・シュニッツアーが 1482 年に作成したものを拡大複製したもの。ヨーロッパ、北アフリカ、アジアが描かれている。

現存する最古の地球儀、
マルティン・ベハイムの地球儀の複製 （1492 年）

当時の他の地図と同じくアジアの東端に大きな半島が描かれている。（左の写真に見える左の方）。アジアの東には海と多くの島が描かれた。この東はヨーロッパ。

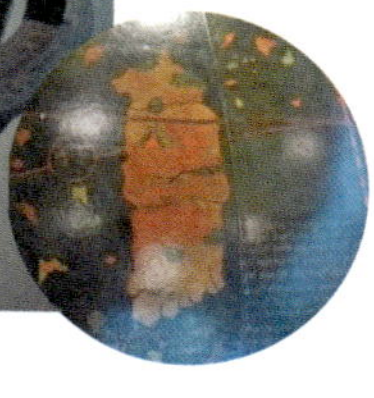

右上にある四角っぽい島がジパング（日本）。よく見ると、女性が描かれている。

古地図と古地球儀：国土交通省国土地理院「地図と測量の科学館」所蔵

初めてアメリカ大陸が描かれた世界地図

ヴァルトロゼーミュラーの世界地図（1507年）

初めて南北アメリカ大陸が描かれた地図。南アメリカ大陸部分の南の方に「アメリカ（AMERICA）」と書かれている。上部の小さい世界地図にもアメリカ大陸が描かれているが、北アメリカは細く描かれ、そのすぐ西にジパング（日本）がある。当時の小さい地球観にむりやり新大陸を入れた感じである。東アジアの地形はプトレマイオスの地図やマルティン・ベハイムの地球儀とほとんど同じまま。

当時の地図と現在の地図の比較

マラッカ（今のマレー半島、マラッカ海峡側）で香料の取引をしていたヨーロッパ人たちは、アジアの東端に大きな半島（実在しない）があり、この大きな半島の西南あたりに香料諸島があると思っていた。このような地図を見ていたマゼランたちは南アメリカ大陸をこの半島だと思っていたと思われる。ところが、南下しても南下しても陸地は終わらず、やっと海峡を越えて西北に向かったが、今度は航海しても航海しても島も陸地もなく、海ばかりだった。それが太平洋だった。

当時一般的だった東アジアの地図
（1489年頃のエンリクス・マルテルスの地図を参考にした略図）
▼

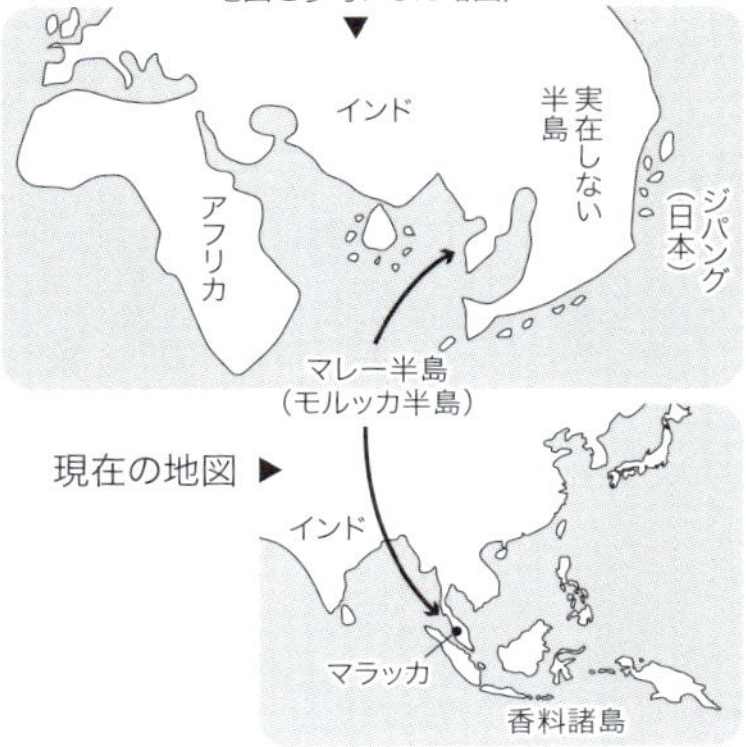

現在の地図 ▶

海賊たちに悩まされたパナマ地峡

ペルーのインカ帝国からの金やポトシ銀山（現ボリビア）からの銀などは、パナマを通ってスペインへ運ばれた。それらを略奪しようとする海賊たちはパナマ地峡を襲撃、スペイン人たちは要塞を築いて防戦した。

ポルトベロの要塞

ポルトベロ湾はスペインへ向かう船が金銀を積み込む重要な港で、金銀財宝を一時保管する倉庫兼税関もあった。有名な海賊、16 世紀のフランシス・ドレイクも、17 世紀のヘンリー・モーガンもここを襲撃した。

湾の外に浮かぶ
フランシス・ドレイク島

サン・ロレンソの要塞

カリブの海賊ヘンリー・モーガンはここからジャングルに分け入り、パナマ地峡を横断して太平洋側のパナマ市を攻撃、略奪、破壊した。

正面が、ヘンリー・モーガンが上陸したチャグレス川の河口。右方向がカリブ海

パナマ最初の町（パナマ・ヴィエホ）

ヨーロッパ人によって初めて太平洋側に建設された町。

国際都市として繁栄したが、1671 年にカリブの海賊ヘンリー・モーガンによって焼き尽くされ廃墟となった。今でも教会跡などが残っている。

パナマ旧市街

最初のパナマが破壊された後に建設された町。

スペイン植民地時代の古い教会やコロニアル建築、コロンビア風やレセップスの運河建設時代のフランス風の建物などがある。一時はすたれたが、現在は外観を保ちながら内部を改装中。洒落た街に生まれ変わりつつある。

カテドラル

ヘンリー・モーガンに見つからずに残った黄金の祭壇は、その後再建されたパナマ市（今のパナマ旧市街）のサン・ホセ教会に移された。

生まれ変わりつつあるパナマ旧市街～パナマ新市街

生まれ変わりつつあるパナマ旧市街

圧倒されるほどの新市街

パナマ・ヴィエホとパナマ旧市街の中間にあるパナマ新市街は、うって変わって高層ビルの建ち並ぶ近代的な街。ダウンタウンのホテルの眼下では地下鉄工事が行われていた。

「南北アメリカ大陸の壁」を越えてヨーロッパ人として初めて太平洋に達したバルボア

アンコンの丘に誇らしげに翻るパナマ国旗

新パナマ運河

パナマ

歴史と地図で旅が10倍おもしろくなる

世界地図

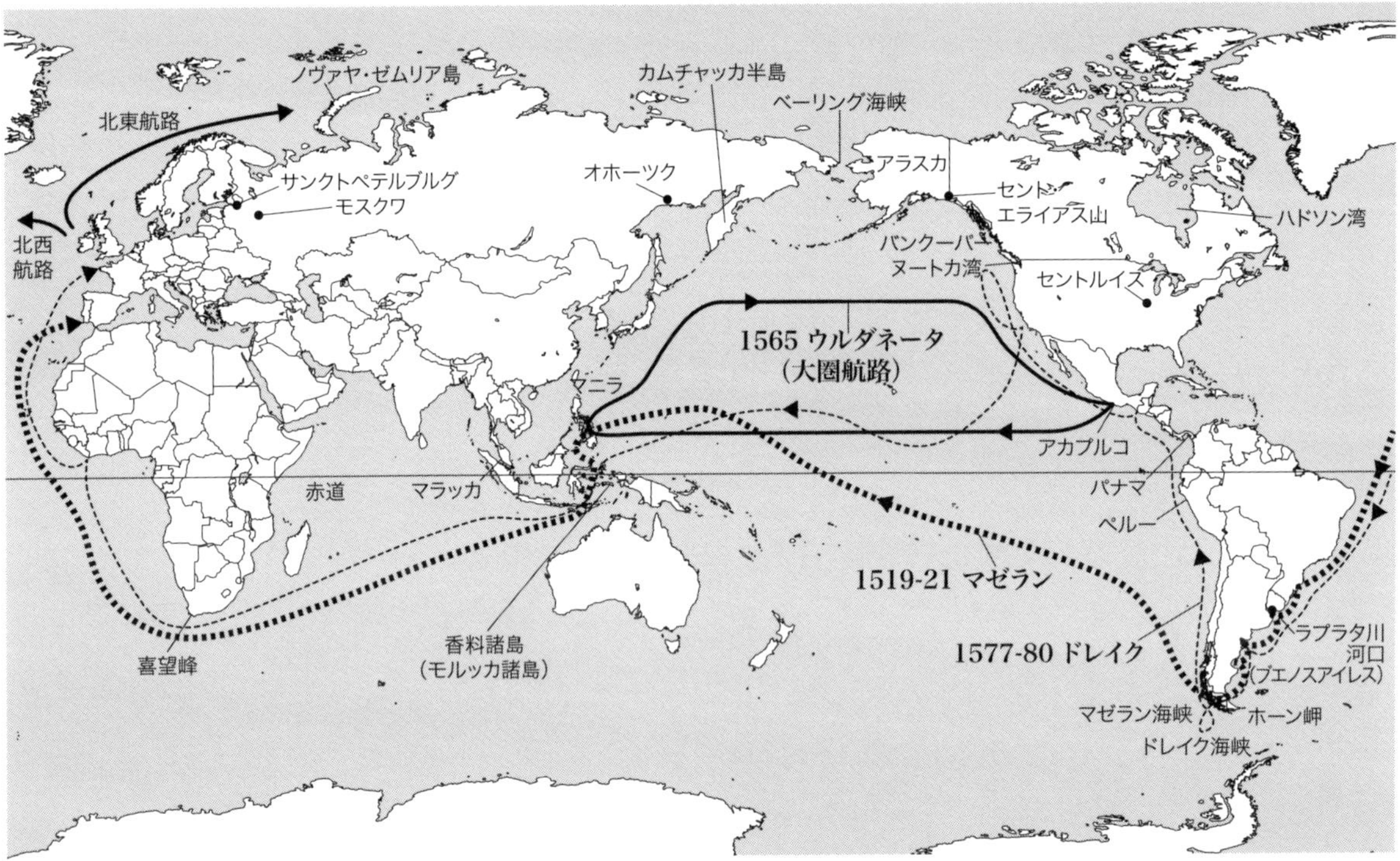

ノヴァヤ・ゼムリア島
北東航路
北西
航路
サンクトペテルブルグ
モスクワ
カムチャッカ半島
ベーリング海峡
オホーツク
アラスカ
セント
エライアス山
ハドソン湾
バンクーバー
ヌートカ湾
セントルイス
1565 ウルダネータ
(大圏航路)
マニラ
アカプルコ
パナマ
ペルー
赤道
マラッカ
1519-21 マゼラン
1577-80 ドレイク
ラプラタ川
河口
(ブエノスアイレス)
マゼラン海峡
ホーン岬
ドレイク海峡
喜望峰
香料諸島
(モルッカ諸島)

はじめに

世界地図の古地図を眺めるのが好きである。なんとなく正しくなかったり未知の部分があったりするところがいい。

南北アメリカ大陸は、ヨーロッパの人々の頭の中には全くなかったところから、コロンブス、マゼランと探検が進み、だんだんに陸地の形と大きさがわかってくる。まずはカリブ海沿岸と南アメリカ、そして北アメリカ東部。それからカリフォルニア、そしてベーリング海峡の発見により、この陸地がアジアとつながっていない独立した大陸であることが証明される。この間、どれだけの探検隊が派遣され、どれだけの苦労をしたか。何かを発見できた者、できなかった者、命を落とした者も数知れない。そしてこの陸地の全体像がわかってみると、それは北から南まで長く連なった大きな『陸地の壁』として存在していることがわかった。

この初めの段階から、現在、そして将来にわたって、重要な役割を果たし、南北アメリカ大陸のヘソのような存在なのが、南アメリカと北アメリカの間をつなぐ、陸の幅が狭くなっているところ、つまりパナマ地峡だ。

私がパナマを訪れたのは、二〇一三年の八月。

スペイン人、バスコ・ヌニェス・デ・バルボアが、大西洋側（カリブ海）から、徒歩でパナマ地峡を横断し、「太平洋を発見」した一五一三年から、ちょうど、五〇〇周年記念の年だった。

バルボアのことは、日本ではほとんど知られていないが、パナマでは、英雄として崇められ、旧市街と新市街を結ぶ太平洋岸のメインストリート、バルボア通りには、大きなバルボアの像があり、今でもその「発見」のときの姿で太平洋を向いている。また、パナマの通貨単位はバルボアで、これまでもバルボアの肖像が描かれたコインはいくつかあったが、二〇一一年には、パナマで初めて、金銀二色の、バルボアの肖像入り一バルボア（一アメリカドルと同価値）コインが発行され流通している。

それからそのパナマ地峡を基点として太平洋側も、北へ南へ、スペイン人たちの探検が広がった。そして見つかったインカ帝国の金、そののちのペルー（現ボリビア）のポトシ鉱山の銀などがスペインに送られたことは皆が知っていることだが、どういうふうに、どういうルートで送られたか。またこれらを本国スペインまで運ぶ途中でスペイン船を襲撃し金銀財宝を奪ったカリブの海賊の話は有名だが、彼らが陸にあがってパナマの町まで破壊したことはあまり知られていない。ましてやそれらのイギリス人海賊たちがエリザベス女王のお墨つきだったということには驚く。

ポルトガル、スペインに遅れをとったイギリス、フランス、オランダなどの探検家たちも北方へ『壁』を越えるルートの探索に出かけた。北アメリカの東海岸での植民は進んだが、結局、長く入り組んだ海岸線で連なる陸の『壁』は、北極近くまで続いていて、帆船で越えられるルートは無い、という結論にたどりつくしかなかった。

この『大陸の壁』を越えて海からも陸からも、西へ行こうという原動力の主なものは、まずは胡椒、ナツメグなどの生産地である東南アジア、特に「香料諸島」と呼ばれた現在のインドネシアのモルッカ諸島、そしてマルコ・ポーロの『東方見聞録』にも描かれていた金と宝の島、ジパング（日本）へ西まわりでたどり着くこと。アステカ帝国、インカ帝国が発見されてからは、まだどこかに同様の金を持つ帝国などがあるのではないか、北アメリカ大陸のビーバーの毛皮が高値で取引きされるようになってからは、ビーバーを追って西へ、ビーバーを捕り尽くすと今度は北太平洋のラッコを追って、また、アメリカ東海岸のナンタケットから始まった捕鯨船も、クジラを追って太平洋に来ることになる。

もちろん、カリフォルニアのゴールドラッシュも大きな事件だった。

カリフォルニアでゴールドラッシュが始まったときも、北アメリカ大陸の東側から西側へ『壁』を越えるのは、容易なことではなかった。今ならニューヨークからロサンゼルスへ行くにも飛行機で飛ぶだけだからなんともないが、当時はそんなわけにはいかない。広大な陸地を馬車を使って横断するか、南アメリカ大陸の南端、ホーン岬を船でまわるか、あるいは船と徒歩とカヌーとラバを使ってパナマ地峡越え経由で行くか、しかなかった。

そしてついにパナマ地峡横断鉄道とパナマ運河が建設される。

南北アメリカ大陸の『壁』を突き破る運河の構想は、バルボアの「太平洋発見」以降、パナマ地峡の位置が陸地が一番狭そうだとわかったころから浮かんでいた。しかしその地はうっそうとした熱帯雨林であり、黄熱病、マラリアなどの熱帯病、一年のうち九か月が雨季という雨の多い気候でぬかるんだ湿地と氾濫する川。地峡の真ん中は掘るのが容易ではない地質の高い山。など障害が多く、工事は難航。多くの労働者を投入して、多くの犠牲者をだして、鉄道は計画から約五年、運河は鍬入れ式から約三四年もかけてやっと完成したのだった。

もちろん、この気候や自然環境は、バルボアやスペイン人たちが植民した当時から同じである。スペイン人たちも、大勢この熱病と不健康な高湿度などで命を落とした。特にカリブ海側はひどかった。うっそうとした熱帯雨林の原始林を切り開き町を作るのは、どんなに大変だったか、町が既にできあがっているところにやってきたフランス人やアメリカ人の記録から遡って想像してもよくわかる。

一方で先住民たちは、免疫を持っていなかった天然痘や麻疹《はしか》など、ヨーロッパ人たちが持ってきた病気に感染し、特に天然痘は猛烈な勢いで流行し、多くが死亡した。

こうした流れを、この大陸の『壁』の東側から西側への探検者たち、入植者たち、海賊たち、通過者たち、横断鉄道とパナマ運河建設関係者たちなどを取り上げながら、当時の人になったつもりで辿ってみたいと思う。

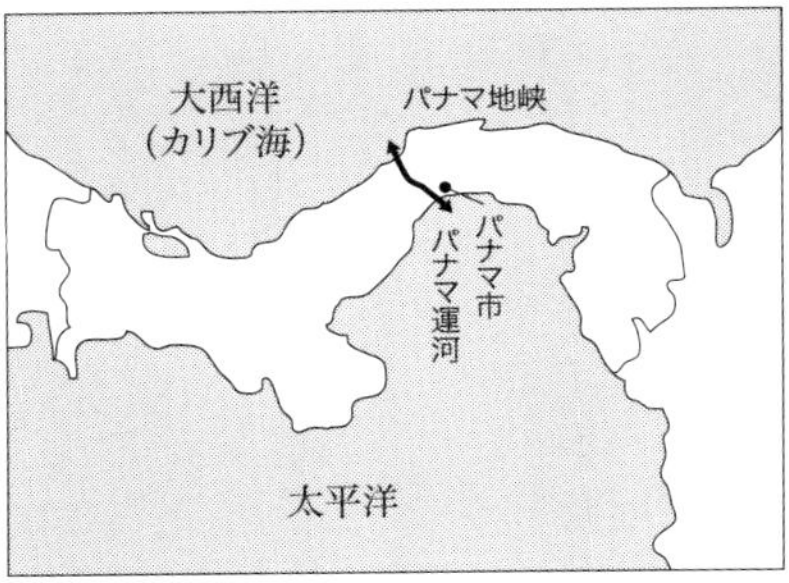

その前にここで、パナマ地峡の地理的形状を確認したい。地図を見るとパナマ地峡は、南北ではなく東西に細長い形で、北アメリカ、中央アメリカと南アメリカを繋いでいる。ヨーロッパから大西洋を渡ってカリブ海側から来ると、北側に着き、そこから地峡を横切って、南に出ると、太平洋ということになる。バルボアが「発見」した海（太平洋）を、彼が『南の海』と名付けたのは、そのためである。パナマ運河も、ほぼ南北に横断している。

「パナマ」は、現在は国の名前であり首都の名前でもあるが、現在のパナマ新市街は、三番目に造られた「パナマ」である。

まず、一五一九年に初めてヨーロッパ人の手によって太平洋側に創られた町が、「パナマ」と名付けられた。この町は、現在のパナマ新市街より、東に約六キロのところにあり、南アメリカのペルーなどとヨーロッパを結ぶ交易の拠点として繁栄したが、一六七一年に海賊ヘンリー・モーガンによって略奪され、火を放たれ壊滅させられた。現在も廃墟として残っているが、パナマ・ヴィエホと呼ばれ、世界遺産に登録されている。

その後、そこから約十二キロ西、現在、旧市街（カスコ・ヴィエホ）と呼ばれているところに「パナマ」の町を移した。スペイン植民地時代の教会などと、後の運河建設時代のフランス建築などが残り、ここも、世界遺産になっている。現在、建物の外観を保存したまま、内部のリフォームが行われ、美しい街に生まれ変わろうとしている。

そして現在「パナマ」の新市街と呼ばれているのは、その、パナマ・ヴィエホと、旧市街（カスコ・ヴィエホ）の間にあり、高層ビルが数多く建っている近代的な町である。

以上、少し複雑だが、「パナマ」とだけ言う場合は、特に初めのころは、町（市）の名前であり、それは、太平洋側に位置することを、念頭において読み進めていただきたい。

その当時に無かった国名、地名などには、「現在の」とか「現」とかをつけているが、あまりくどくなるので省略してあることもある。

人名、地名などは、いろいろな呼び方や表記があるが、一般的と思われる呼び方、表記を使用した。

また、一般的に使われるように、便宜上「南アメリカ大陸」「北アメリカ大陸」という呼び方を使うが、地理的には別の大陸ではなく、ひとつづきであり、パナマ運河で人工的に分断されたといっても、そこが南北の境目でもない。また、「南北アメリカ大陸」にはもちろん、中央アメリカ、パナマ地峡も含まれている。

今の世の中では、完璧な紙の世界地図のみならず、インターネットを使えば宇宙から見た地図が世界のどこでも手に入るし、更には地球の裏側でもまるでそこに立っているかのように風景を見ることさえできる。しかし、長い歴史の中で、ちょっと前まではそうはいかなかった。山を越えればその先に、目の前の岩壁をまわればその向こうに、何があるかわからない。移動手段は陸地は自身の足、馬などの動物、せいぜい荷車、水の上は木製の船に自身の手と風、波まかせ。そんな時代が長かった。

ここでは、現代の文明の利器はさておいて、現在の世界地図がまだないところから、その時代の時代の人になったつもりで、地上の目線で読み進めていただけたらと思う。

目　次

第一章

未知の陸地の出現

それまでのヨーロッパの世界地図とは違う陸地

「大地」が実は「球体」であるということは、古代ギリシア時代から考えられていた。船乗りたちは、海から陸に向かうとき、遠くの高い物が上のほうから少しずつ見えてくることに気がついていた。また、北の方の地域では見られるが南の方の地域では見られない星があることも、経験から知っていた。

アリストテレスは地球球体説を物理学的・観察的に説明し、プトレマイオスは、なんと二世紀に、『地理学提要』を著し、当時知られていた全ての場所を格子目の中に書き込み、世界地図の元を作った。（口絵ページ参照）

地図の左端に、彼の知る最も西、北部アフリカの西にあるカナリア諸島を配し、その位置の縦線を経度〇度の子午線とした。

右端が中国あたりで切れているのは、まだその先も続いてはいるが詳細はわからないということだ。アフリカの右にはインド洋があるが、アフリカがインド洋を囲うように右のほうに続いていて、インド洋が内海になっている。

この地図には、縦方向は、ヨーロッパの少し北から赤道の少し南まで、横方向は子午線から一八〇度のところまでと、地球全体の約四分の一しか描かれていないことは、プトレマイオス自身もわかっていた。が、当時、それ以遠は未知の世界だった。

その後の中世キリスト教社会では、地球平面説の旧約聖書の解釈が重視され、世界地図に新しい進展はなかったが、一五世紀になって、グーテンベルクの活版印刷技術の発明や航海術の進歩もあり、このプトレマイオスの地図が再び見直され、更にこの未知なる部分を知ろうという動きが活発になっていった。

ヨーロッパ大陸の西端に位置するポルトガルは、自国から南下してアフリカ西岸に進出していたが、ついに、一四八七年、バルトロメ・ディアスが、アフリカ南端の喜望峰に到達、一四八八年には、バスコ・ダ・ガマが、アフリカ大陸南端をまわってインド洋に出た。目的は東アジアや香料諸島とよばれた現在のモルッカ諸島に到達することだった。当時、胡椒、ナツメグなどのスパイスは肉の保存に有効として、また古くなった肉の臭みを消すため、更に、各種の病気に効くとされ、特別に高価なものだった。陸路ではイスラム圏などを通らなければならないため、ヨーロッパ大陸最西で航海術も進んでいたポルトガルは、アフリカの南をまわって香料諸島へ到達する航海路を切り開いていった。

海路アフリカ南端をまわることができるとわかった後に作られた世界地図で代表的なのが、一四八九年ごろにドイツ人、エンリクス・マルテルスが製作した世界地図である。（口絵ページ略図参照）

先の、二世紀のプトレマイオス地図と比べて、アフリカの南が海になっていること以外はほとんど変わっていない。ここで、アジアの部分に注目してほしい。中央より少し右にあるのが現在のインドとスリランカ（インドがあまり突き出ていなく、スリランカが大きく描かれている）、その右が当時、「黄金の岬」と呼ばれていた、マラッカのあるマレー半島とみられている。そして、その右に大きな湾があり、さらに東に、マレー半島よりもっと大きな半島のような陸が、赤道より南まで伸びている。これは、実在しない陸地である。上部の方は現在の中国であり、その右の海上には小さい島々があり、その中にジパングがある。

その後、一四九二年には、この、マルテルスの地図に従って、マルティン・ベハイムが地球儀を作っていて、これが、現存最古の地球儀として保存されている。（口絵ページ参照）

この地球儀に描かれたアジアを見ると、先の巨大な半島の右が広く描かれており、島々の中でも一番大きい島が、「ジパング島」である。「ジパング」とは、マルコ・ポーロの『東方見聞録』などに出てくる、日本のことである。ヨーロッパの人々には、中国と並んで日本は黄金のある魅力的な島とされ、コロンブスの航海の目的のひとつでもあった。

当時の地図から距離を割り出すと、地球そのものが実際より小さいことがわかる。これらの地図を見ていたと考えられるコロンブスが、アジアは近いと思い、また、現在のカリブ海沿岸の島々と陸地に到達したとき、東アジアに着いたと思ったのは、当時としては無理もないことであった。

コロンブスは、ポルトガルに先を越されて焦っていたスペインのイサベラ女王から許可と援助を得て、四回、西へ航海している。

第一回目が一四九二年で、大西洋からカリブ海に入り、小さな島々をまわり、現在のキューバ島の北東側沿岸をたどり、その東にあるエスパニョラ島（現在、西側がハイチ共和国、東側がドミニカ共和国）に到達、探検した。その島のシバヨというところから金が出るということも知り、あのマルコ・ポーロの「東方見聞録」に載っているジパングに到達したと思った、ともいわれる。

彼のその後の航海では、入植地での様々ないさかいや問題があり、コロンブスは鎖につながれて帰国したり、自分の「発見」したエスパニョラ島に上陸を許可されなかったり、苦難の連続だった。しかしそれでも、彼の、なんとかして香料諸島への海路を見つけたい、という使命感は強く、第二回、第三回、第四回と、カリブ海の島々と、中央アメリカ、パナマ地峡の東側をなぞり、現在のベネズエラ沿岸も航海している。が、結局、あの地図のあの大きな半島の南側をまわれば出るはずだった香料諸島の海への海路は見つけられなかった。それどころか、その海岸線は、逆に東の方へ長く続き（南アメリカの北部、現在のベネズエラ北側の海岸線）、当時誰も想像していなかった大きな『陸地の壁』があることがわかってきた。

一般に、コロンブスは「一四九二年にカリブ海の島に着いて東アジアに着いたと思った」ことまではよく知られているが、こうして彼はカリブ海沿岸をくまなく航海し、真実を知ろうと努力はした。一四九八年、第三回航海で、ベネズエラの北側沿岸に着いたあと、同行したコロンブスの弟、バルトロメ・コロンが残した手描きの地図では、ここは実際の地形に近く、カリブ海を囲む陸地の一部として描かれ、彼らが（アジアと地続きの）新しい陸地部分と考えていたことをうかがわせる。

コロンブスが西方に新しい陸地を「発見」した二年後、一四九四年には、スペインとポルトガルの間で、トルデシリャス条約が交わされた。アフリカ大陸の西沖にあるヴェルデ岬諸島の西端から三七〇レグア（約二〇〇〇キロメートル）西の経線を境界線として、その東側をポルトガル領、西側をスペイン領、と決めたのだ。それにより、スペインは西への航海で発見された陸地の領有を独占できることになった。

と言っても、この時点では、コロンブスが実際に到達したのはまだカリブ海の島々だけで、コロンブスも、ほかのヨーロッパ人もまだ誰も、後の南北アメリカ大陸部分であるパナマ地峡にも、

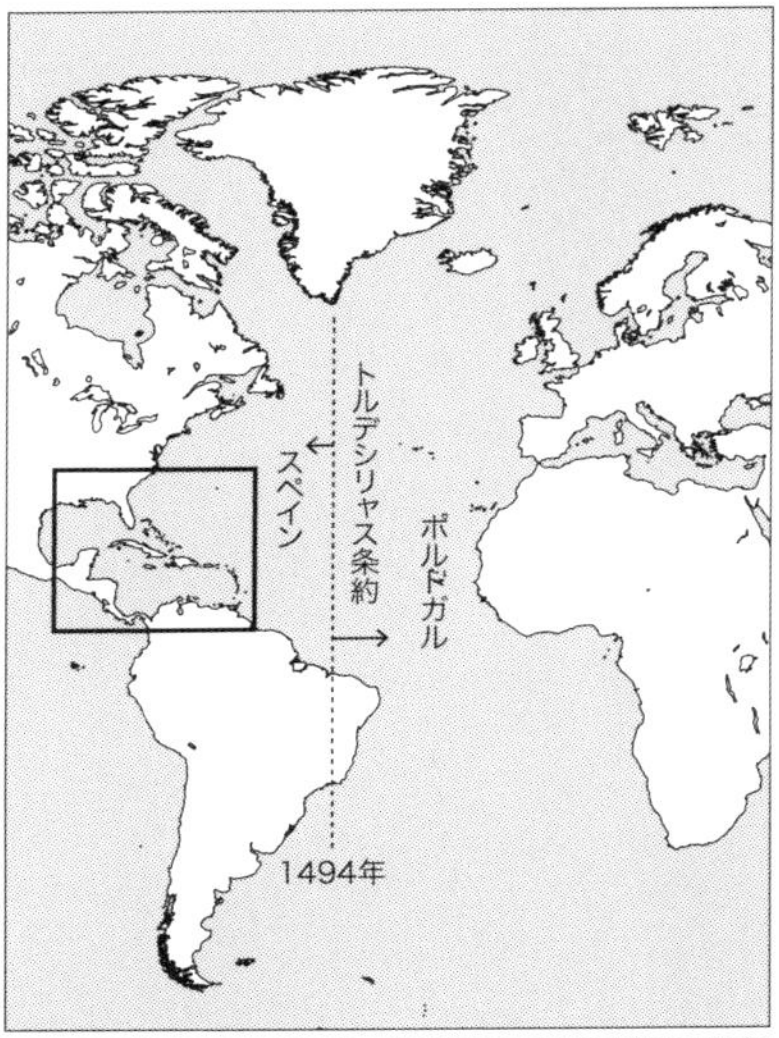

トルデシリャス条約
スペイン
ポルトガル
1494年

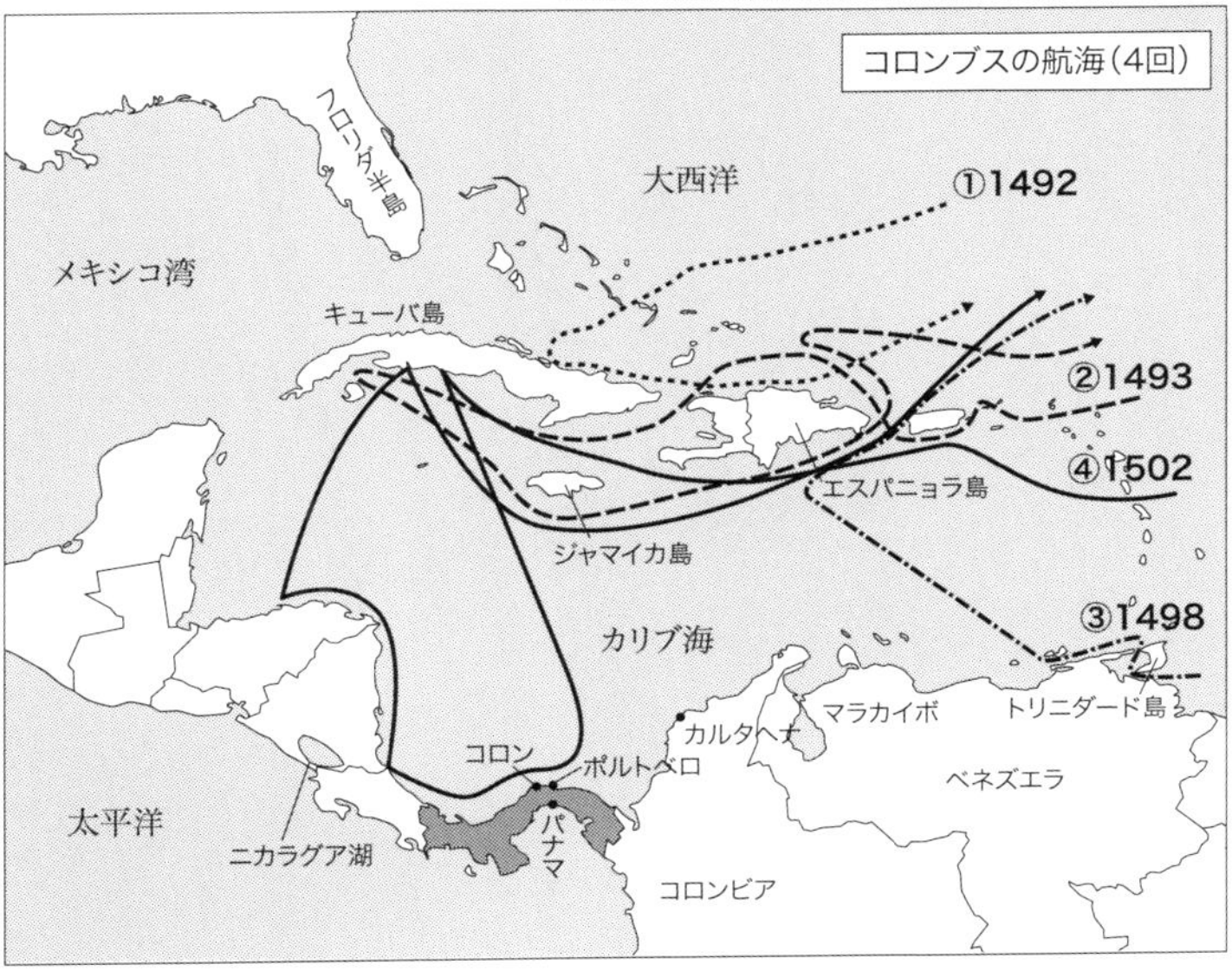

コロンブスの航海（4回）
フロリダ半島
大西洋
①1492
メキシコ湾
キューバ島
②1493
④1502
エスパニョラ島
ジャマイカ島
③1498
カリブ海
マラカイボ
トリニダード島
カルタヘナ
コロン
ポルトベロ
ベネズエラ
太平洋
ニカラグア湖
パナマ
コロンビア

ベネズエラ北岸にも到達していなかったのであるから、この大陸の存在には気付いていなかった。このときスペインがトルデシリャス条約によって領有を確実にしたいと思っていたのは、当時はアジアの東の島かアジアの陸の一部と思っていたところ（実はカリブ海の島々だった）と、そのすぐ近くにあるはずの香料諸島だった。まさか、こんな大きな大陸があるとは……

コロンブスの第一回航海のあと続々と西への探検隊が続いたが、その中に、フィレンツェ出身のアメリゴ・ヴェスプッチもいた。彼は現在の南アメリカ部分の北から東側を、かなり南まで航海し、この陸地は「新しい大陸だ」と衝撃的な報告をした。それにより、ドイツの地図製作者マルティン・ヴァルトロゼーミュラーは、一五〇七年、世界地図のヨーロッパの西にアジアとは別の「新大陸」を描いた画期的な地図を製作した。まだ誰もその陸地の西側にアジアと隔てる大洋があることを知らなかったときに描かれたその地図には、現在の南北アメリカ大陸ともいえそうな細長い二つの独立した陸地が南北に連なっている。（口絵ページ参照）

そして彼はその南アメリカ部分の南の方に、「アメリカ」という地名を書き込んだ。それは、アメリゴ・ヴェスプッチの栄誉を称えて付けられたといわれる。

しかし、実はアメリゴ・ヴェスプッチは航海日記を改ざんし、コロンブスがベネズエラの海岸に着いたより前の一四九七年にこの地に着いたことにしていた。それを知ってか、ほかの理由からか、ヴァルトロゼーミュラーは六年後、この独立した大陸図と「アメリカ」の文字を撤回、探検されて明確になった部分だけを描いた地図に戻し、そこは再び「未知の土地（Terra Incognita）」に戻った。（後の研究では改ざんは本人ではなく別の人物によるものという見方もある。）

しかし、「アメリカ」の名前は既に浸透していて、まず南アメリカをさすものとして、その後、中央・北アメリカをも含めた『陸地の壁』全体の名称として残り、更には後に北アメリカに創設された国の名前にもなった。

このヴァルトロゼーミュラーの一五〇七年の地図は、複雑に彫られた版木により刷られた一二枚の紙をつなぎ合わせたもので、縦一・四メートル、横二・四メートルもある。当時一〇〇〇枚刷られたが、記録はあったが現物は長い間みつからなかった。それが、一九〇一年、南ドイツのヴォルフェグ城の書庫の屋根裏部屋でひっそりと眠っているのが発見された。有名な一六世紀のドイツ人地理学者、ヨハネス・シューナーが保管していたとみられる。タイトルは、「プトレマイオスの伝承と、アメリクス・ヴェスプチウスらの最近の航海による全世界」と書いてあった。そこへ、この大発見に皆が驚き高値で売りに出たが買い手がみつからず、再び長い眠りに入った。そこへ、二〇〇三年、アメリカ議会図書館が一千万ドル（約十億円）で購入する話が出た。現在この地図は、初めて「アメリカ」の名が刻まれた世界地図で唯一現存するものとして、アメリカ議会図書館に展示されている。

ヨーロッパでヴァルトロゼーミュラーが世界地図から新しい大陸図と「アメリカ」という名称を消したちょうどそのころ、大西洋の向こうでは新しい進展があった。海路がみつからなかった『陸地の壁』の向こう側に『海』が「発見」されたのだ。

★「プトレマイオス地図」「マルティン・ベハイムの地球儀」「ヴァルトロゼーミュラーの世界地図」は、茨城県つくば市にある国土交通省国土地理院「地図と測量の科学館」常設展示室で複製を見ることができる。

第二章　バルボア

『ジャングルの壁』パナマ地峡を越えて向こう側の海に到達

ヨーロッパ人として初めて、この『陸地の壁』を越えて向こう側まで行って、現在太平洋とよばれる大海の水に足をつけたのは、バスコ・ヌニェス・デ・バルボアだった。

このことからバルボアは、「太平洋の発見者」とされているが、彼の探検は、他の探検隊のようにスペインやヨーロッパの国の誰かからの勅命や後援があって行なわれたものではなかった。むしろ逆で、交流を深めた先住民のカシケ（部族の長）からたまたま得た情報をもとに探検を自ら申し出、援助を頼んだもののすれ違いとなり、スペイン王に逆らった形で、独断で決行された。ごく少数のスペイン人と先住民の協力を得て、苦労の末にたどりついた太平洋で、彼は、それでも、「この海とこの海の接する土地はすべてスペイン王の領地……」と宣言する。それなのに、すれ違いにスペイン王から派遣された後任ペドラリアスに処刑されてしまう。

日本ではあまり知られていない、このバスコ・ヌニェス・デ・バルボアとそのころのパナマ地峡について見てみよう。

一四九二年のコロンブスの第一回目の画期的な航海以降、次々とヨーロッパからの探検隊や入植者たちがこの新しい海域であるカリブ海にやってきた。ヨーロッパから最初にパナマ地峡に到達したのは、ロドリゴ・バスティーダス率いる探検隊だった。一五〇一年に今の南アメリカ大陸の北岸に沿って航海、東からパナマ地峡のカリブ海側に到達し、後にノンブレ・デ・ディオスと名付けられた入江に達している。彼らも、香料諸島のある海に出る海峡などを探したが、発見できず、当時カリブ海遠征の拠点となっていたエスパニョラ島に戻って解散した。

コロンブスは、一五〇二〜一五〇四年の、第四回目の遠征でパナマ地峡に到達している。キューバ島から西へ進み、現在のホンジュラス、ニカラグア、コスタリカと、中央アメリカの東岸をなぞるように南下し、西の海に出る海路がないか、くまなく探したが見つからず、パナマ地峡沿岸まで来て、行き詰ってしまう。既に第三回目の航海でそれより東のベネズエラ沿岸も探索しており、そこまでの間には南にも西にも行ける海路がみつからなかった。現在のパナマ沿岸で、後に新大陸で最も重要な港のひとつとなる、ポルトベロ湾（コロンブスがイタリア語で「ポルト・ベーリョ（美しい港）」と叫んだことからこの名前がついたと言われる）あたりも探検、ベレン川河口では、金の装飾品を身につけている先住民と接触、そこに金鉱もあると知り獲得しようとしたが、先住民に追われてスペインに戻った。

後に「太平洋を発見」することになる、バスコ・ヌニェス・デ・バルボアは、他の有名な当時の航海者、コルテスやピサロと同様、スペインのエストレマドゥーラ地方の出身で、最初にパナマ地峡にやってきたバスティーダス探検隊の船乗りだったが、エスパニョラ島で解散した後もそこに残り、農業などをしていた。しかしうまくいかず借金がかさんで苦しくなり、借金取りから逃れるためにパナマへ向かう船の樽の中に隠れた。密航者として捕えられたが、結局、以前パナマ地峡の地を踏んだ経験を買われて乗船を許可され、その船で再びパナマ地峡に行くことになった。

その船は、一五一〇年、バスティーダスの報告やコロンブスの金鉱発見の情報などをもとに、パナマ地峡に入植することが目的でスペインから派遣されたものだった。パナマ地峡カリブ海側の現在のコロンビアに近い、ダリエンというジャングルの地域に到達、アメリカ大陸本土における最初のキリスト教徒の居住地、サンタ・マリア・デ・ラ・アンティグア・デ・ダリエンという町を建設した。だが、周辺の先住民の気性は荒く好戦的で、また、マラリア、黄熱病など熱帯地方特有の熱病の蔓延で多くが死に、植民地の建設は困難を極めた。スペイン人同士の内輪もめもあった。指揮官だったフェルナンデス・エンシソは、指導力に欠け、人望もなかったため、スペイン王の勅許状を持っているにもかかわらず入植者たちから追放され、そのエンシソにかわって、無名の、何の地位も持たないバルボアが、指揮官に選ばれた。だが、本来は、スペイン王の決めるべき指揮官を入植者が決めるということは許されていなかった。バルボアにとっては、このとき追われるようにスペインに帰った、法律家でもあったエンシソの恨みを買ったことが、後にあだとなる。

パナマの東部、ダリエン地区は、一帯がうっそうとしたジャングルである。現在は、アラスカから南アメリカ南端の町、ウスワイアまで、南北アメリカ大陸を貫いて続いているパンアメリカン・ハイウェーも、パナマの東端、このダリエン地区だけは、今でも、つながっていない。もっとも、今はコロンビアからの密輸ルートを断つために意図的につなげないということもあるが、そのため、そこだけは、この当時と変わらない、密林のままだ。海は、船さえあれば自由にどこでも行けるが、このジャングルはそうはいかない。

初めはバルボアも、当時のスペイン流に、先住民に襲撃をしかけ、そのなかのひとつの部族のカシケであるカレタとその家族を捕えた。だが、その前の入植地から脱走し、彼らと生活を共にして言葉がわかるようになった二人のスペイン人を通訳としてカレタと話をするうち、バルボアは、彼らが野蛮人であるわけではなく、知性と敬意を払うべき価値観をもった、自分たちと同じ人間なのだと感じた。カレタはバルボアに、自分たちを自由にしてくれれば同盟を結び、友情を分かち合おうと申し出た。そして、その証に、バルボアに自分の娘をさし出した。バルボアは、生涯、この娘と生活を共にし、パナマの地を離れることはなかったし、カレタやカレタと友好関係にある他の部族のカシケをも、裏切ることはなかった。

バルボア率いるスペイン人たちとカレタの部族は同盟関係となり、先住民たちはスペイン人用の食糧分も耕作し、バルボアは、部族間の戦争で彼らの味方をしたのである。

これが、バルボアが現在もパナマ国民から英雄として崇められ、愛されている所以である。バルボアを有名にしたのは、ヨーロッパ人として、初めて大西洋から太平洋に到達したことではあるが、現在のパナマでバルボアが愛されているのは、そのことより、運営の難しい植民地において、混乱を収め、入植者たちをまとめあげたこと、そして、先住民たちやそのカシケと友好関係を築き、先住民たちのやり方に従い（もちろんその部族の敵である先住民と戦うこともあった）、その協力を得て、スペイン人にとっては非常に危険で恐ろしいジャングルの中に勇敢に分け入り、そして、ついに、太平洋までたどり着いた、ということである。

パナマでは、現在も、五つの先住民保護区があり、自治権を保ちながらパナマ政府と共存、先住民族の子供たちも教育を受け、町に普通に暮らす人々もいる。もともと人口の約六〇~七〇パーセントが先住民族と白人の血が混ざったメスティーソであり、先住民、白人、黒人、それもアフリカから連れてこられたアフリカ系黒人と、パナマ地峡横断鉄道とパナマ運河の建設のために投入されたカリブ海の当時のイギリス植民地、フランス植民地からのアンティリャス系黒人、と、様々な血を受け継ぐ人々の間で人種差別がないということがパナマ人の誇りである。そういう国で、あの時期にやって来て、今なお愛されているスペイン人というのは珍しい。

『パナマ地峡秘史—夢と残虐の四百年』（ディヴィッド・ハワース著、塩野崎宏訳）にはバルボアについても詳しく書かれている。バルボアの仲間のスペイン人たちがカレタの仲間の部族のカシケ、コマグレの家に招かれた場面が興味深く描かれているので引用したい（p.49〜p.51）。バルボアの影響を受けたスペイン人たちは、先住民たちにも敬意を払うようになっていたので、コマグレとその息子の接待に行儀よくしていたが……

「（コマグレの息子が、スペイン人たちに）黄金のかざりを少しくれたのだが、一行はたちまち家の入口の間に集まって、はかりと金属を溶かす鉢をとり出し、贈り物を自分たちの間で分配し、五分の一を王の分としてとっておく作業を始めたのだ。当然のことながら一行は口論、争いを始めた。少年は争いがはげしくなるのを見ていたが、急にはかりを手で払いのけ、黄金をはたきちらかして、説き始めた。二人の通訳が少年の言葉を訳したが、その弁舌は一行のひとりとし

て忘れ得ない感動的なものであった。

黄金をめぐって争うなど、何と愚かなことをするのか、と彼はたずねた。かざりをこわして何になるのか。故郷をすて、平和な人々に災厄をもたらしてかえりみないほど黄金に対する執着があるのなら、彼らを苦しめているこの飢えを満足させることの出来る土地を教えてやってもよい。

これはもちろんスペイン人たちを黙らせ、耳を傾けさせるのに充分であった。彼は話をつづけ、旅は決して楽ではない。手ごわい酋長たちをしたがえるため、千人の兵士を必要としよう。しかも相手は食人種であり、自分の国を持たない残忍な種族である。スペイン人たちが見た黄金のかざりは、この種族の手に成るもので、彼らはこのかざりを、コマグレの部族に提供し、その代りに食糧を手に入れる。食糧のなかにはコマグレの部族が捕えた捕虜も入っており、食人種たちはそれを食べる。

彼は、南を指しながら、「あの山を越えることができれば、別の海へ出る。そこの住民は、われわれと同様まったく裸で、生活も同じだが、彼らの船はあなた方のと同様に大きく、かいや帆を備えている。彼らは、鍋までも黄金で作る」とつけ加えた。

スペイン人は、こうなるとすっかり昂奮して少年をとりかこんだ。千人の兵士を集めたら、それで充分なのか、と彼らはたずねた。少年は、困難な論戦に立ち向かう弁論者のように、一瞬考えてまた話し始めた。

「キリスト教徒たちよ。裸でくらしているわれわれは、貪欲ではないが野心はある。われわれは互いに戦う。われわれの祖先も戦士であった。時に勝ち、時に負けるが、戦いはわれわれの不幸の源である。」彼は力をこめてこう話した。

そして彼は政治家にも似た取引きを持ち出した。自分は父の部下たちを率いて、スペイン人の先頭に立とう。この約束を違えたら、近くの木につるして殺してほしい。互いに協力すれば、父の敵を木端微塵に破ることができる。スペイン人たちはほしいだけ黄金を手に入れてくれ。彼自身の報酬は、他から攻撃をうける心配がなくなり、部族の人々が平和に暮らせるようになることである。

当時の記録者ピーター・マーターは次のように書いている。「こう述べて、この分別のある若いコマグレは言葉を切った。一方われわれの仲間は、大きな希望と黄金に対する飢えで感動を覚え、ふたたびつばをのみ込むのであった。」

いきなり飛び込んできた、この、「黄金」と「もうひとつの海」！

バルボアとスペイン人たちは息を飲んでこの話を聞き、すぐにでも飛び出したい衝動に駆られた。しかし、そのとき、バルボアの部下は、一五〇人しかいなかった。コマグレの息子が言った一〇〇〇人にはほど遠い。

バルボアは、さっそくスペイン王宛てに、向こう側の海に到達し金を手に入れるために、一〇〇〇人の兵士を至急送ってほしいと要請の手紙を書いた。それに先住民から手に入れた金を添えて、スペインに向かう船に託した。

ところが、待ちに待った次のスペインからの船には、一〇〇〇人の兵士どころか、たった一〇〇人の入植者しか乗っていなかった。そして、その船が持ってきた知らせはバルボアを驚かせた。先に追い返されたエンシソがバルボアを告訴したため、スペイン王はバルボアを本国に召還し、代わりに別の人物をダリエンの知事として任命、派遣するというのだ。

当時の本国と植民地の連絡方法といえば、船に手紙を託すしかない。また、遠く離れた植民地の実情を、王が知るすべといえば、船で戻ってきた人からの話や手紙でしかない。それも、片道何か月もかかるわけであるから、とにかく、早く王に告げた者勝ちだった。結局、バルボアが送った黄金と手紙はすれ違いとなり、王のところに届いたのはもっと後のことだったのだ。

スペイン王からの不条理な連絡を受け取ったバルボアは、新しい知事が来る前に、自分たちだけで、もうひとつの海への行軍を決行することに決めた。王の許可も勅許状も無いどころか、王の命令に反する行動であった。

一五一三年、八月末、彼は準備を整え、九月一日、スペイン人有志一九〇人と一群の猛犬、そして、これまでの戦いで捕虜とした先住民の奴隷を荷物持ちとして従え、コマグレの部隊と合流して、ジャングルに出発した。

八月九月といえば雨季である。道も何もなく、樹木が生い茂り、地面はぬかるみ、熱気と湿気で息苦しいジャングルの中の行軍である。おまけに彼らは、重い鎧を着、剣、楯、大弓、小銃を携行していた。敵の部族との戦闘や外交折衝をしながら進んだが、熱帯の病気や疲労で落伍する者も出た。最もよく進んだ日でも、一日わずかに五キロから七キロ、どうかすると一日一・六キロしか進まないときもあった。

バスコ・ヌニェス・デ・バルボア

それでもなんとか「もうひとつの海」に一番近い部落に着くと、バルボアは、疲労困憊した部下らを残し、六六人の部下と案内役の先住民と共に、海が見える丘に向かった。あと少しというところで、バルボアは部下を待たせ、ひとりで丘に登った。彼は頂上からもうひとつの海を見下ろした。この海は、彼らの出発したカリブ海側からすると南方向にあったので「南の海」と名付けた。現在の「太平洋」である。彼は言い表わしようのないほど感激し、おもむろにひざまずき、神に感謝した。ひとしきり感慨をかみしめると、その後待っていた部下たちを手招きし、皆で海を見た。皆、歓声をあげ、この瞬間は誰にとっても忘れられないものとなった。一行の中にいた書記に、発見を証明する文書を作らせ、まずバルボアが、そしてその場で苦労と感激を共にした一同が署名した。

一五一三年、九月二十五日のことであった。

その数日後、ついに海岸に出たバルボアたちは剣と楯を持って、初めて「南の海」の水に膝まで入り、この大洋が触れる大地は全てスペイン王の所有となることを宣言、スペイン王に捧げる儀式をとり行なった。

カリブ海側を出発して、ジャングルの中を一か月近くかけて横断したのだ。現在は、太平洋岸から大西洋（カリブ海）岸まで、約八〇キロ、フリーウェイもでき車で約一時間の距離であるが、そのときバルボアが通った道なき道は、今の道路より大分東寄りのダリエン地区で、彼が見た海は、サンミゲル湾であったが、その道は、今もジャングルの中に埋もれて、誰も辿ることはできない。

ついに「南の海」を「発見」、到達した喜びの報告と、大量の黄金を手にしたその五分の一と、同時に入手した真珠を、バルボアはさっそくスペイン王に送った。

だが、ここでもすれ違いが起こった。王がそれらを受け取り歓喜し、スペイン本国でバルボアが国民的英雄になった、そのときには、もう既に、バルボアを交替させ、南の海探検を指揮する新しい知事、ペドロ・アリアス・ダビラ（通称ペドラリアス）と、バルボアの手紙の要請に答えて急募し選ばれた二〇〇〇人のにわか兵士たちが乗った船は、スペインを出航してしまっていた。

彼らがパナマ地峡のダリエンに着いたときには、既にバルボアが「南の海の発見者」という栄光を手にしてしまっていたことを知り、手柄を揚げようと意気揚々とやってきたペドラリアスも、そして同乗して再びやってきた、バルボアを陥れたあのエンシソも、激怒した。そして、連れてきたにわか兵士たちに、そのへんの先住民たちから、すべての黄金を略奪せよと命令、バルボアが信頼関係を築いてきた先住民たちがいっせいに捕えられ、拷問を受け、殺されていった。その中には、あの、カレタと、コマグレの息子もいた。

この後ペドラリアスはパナマ地峡での指揮をとることになるが、彼のやり方は横暴で、パナマ地峡に住んでいた先住民に多大な被害を与えた。

このとき、バルボア自身も、ペドラリアスとエンシソの策略により捕えられ、監獄内に監禁され、なすすべもなかった。

しかし、なかにはバルボアに力を貸す人もいて策を練ってくれ、ペドラリアス知事の下ではあるが、「南の海のアデランタード（先遣隊長）」という職を創り、王からバルボアを任命してもらった。おかげで、バルボアは身柄拘束を解かれ、自由の身となって、太平洋側のパナマ湾内の真珠群島のひとつの島で、ゆっくりとした日々を過ごすことができた。あのカシケの娘も一緒だったし、苦労を共にした何人かの同僚もいて、その島では幸福な時を過ごした。

しかし、それも長くは続かなかった。また、信頼していた仲間の中から裏切り者が出た。反逆を企てているとペドラリアスに嘘の告発をされ、バルボアは再び逮捕されてしまった。

バルボアを逮捕した男は、かつて、南の海に到達したときに一緒に丘の上に立った部下だった。その名は、フランシスコ・ピサロ。その後、あのインカ帝国を滅亡させて有名になる、あの男だった。

バルボアは、一五一九年一月、処刑された。

二〇一三年の九月二十五日は、バルボアが丘の上から「南の海を発見」してから、ちょうど五〇〇年の記念の日であった。私がパナマを訪れたのはその年の八月だったので、日本に帰国してからパナマの新聞のインターネット版などに注目していたが、やはり、それにちなんだ記事が多かった。

バルボアの功績を讃え、また、バルボアが太平洋を「発見」したことで、パナマはヨーロッパとアメリカ、更にはアジアとの交易の中心となり、現在また新しいパナマ運河の工事中でもあり、世界でも重要な位置にあるということなど、これからの発展にもつなげよう、という記事が多かった。

なかには、「バルボアは英雄か、悪者か」などという記事もあったが、確かに、借金を踏み倒して密航したことなど、罪も犯した。だが、一般に、パナマ国民は、バルボアのその部分は知りつつ、英雄として受け入れている。その、大きな理由は、「バルボアは、先住民と友好関係を築き、共存し、協力しあって、この偉業を成し遂げた」ということだ。私たちを案内してくれたガイドさん達も、バルボアは英雄、ペドラリアスはバルボアを嫉妬して殺し、先住民たちにも極めて残酷な扱いをした悪人、という図式ができているようだった。そのことは、パナマの中心となる道路やパナマ運河の太平洋側の港など、いたる所にバルボアの名前がつけられ、また、何よりパナマの通貨単位が「バルボア」であり、バルボアの肖像を描いたコインが流通していることを見てもわかる。

バルボアが処刑された後、一五一九年八月十五日に、ペドラリアスは、太平洋側に、パナマという町（現在のパナマ市より東で、今は廃墟だけが残って、パナマ・ヴィエホとして世界文化遺産となっている）を創設した。このパナマは、ヨーロッパ人が建設した、新大陸太平洋側の、初めての町である。

そして、スペイン人たちは、そのパナマの町を拠点に、太平洋側の沿岸を、北へ南へと航海、探検し、ピサロは、このパナマから、南アメリカ西岸を南下、陸へ入ってインカ帝国を発見、滅亡させる。そして、そこからの黄金や財宝は、パナマを経由して、スペインに運ばれたのである。つまり、インカ帝国からリャマなどによって太平洋側の港に運ばれ、船でペルー沖を北上、パナマについてそこから再びラバの背に載せられて陸路ジャングルを越えて、大西洋（カリブ海）側に出て、そこからまた船に積まれてヨーロッパへと向かった。

この、長い道中を狙って金銀財宝の略奪行為を行い、スペインに多大な被害を与えたのが、「海賊」たちであった。

第三章　マゼラン

『陸地の壁』の南端まで到達、西側の大洋を航海

最初はこの陸地がこんなに長く南へ南へと続く『壁』であるとは誰も思っていなかった。マゼランは、その陸地をまわりさえすればアジアの香料諸島にすぐ到達でき、ポルトガルのアフリカ南端まわりの航路より近いはずだ、とスペイン王を説得し、航海に出た。「マゼラン海峡発見」と「初の世界一周航海」で有名な彼だが、その航海は決して生易しいものではなく困難の連続だった。

バルボアがパナマ地峡を横断し、太平洋側にパナマの町が建設されている頃、パナマ地峡より南に続く陸地の大西洋沿岸では、どこかにアジアの香料諸島のある海に出る海峡があるはずだと、探検家たちが陸地の東岸に沿って南へと航海していた。

このころ彼らが見ていたのは、例のマルティン・ベハイムの世界地図などで、彼らとしては、自分たちはアジアの東端にある大きな半島の東側にいて、その南端、つまり赤道の少し南をまわって、西の海に出れば、すぐに香料諸島があると思っていた。

探検隊がつぎつぎと派遣されたが、現在のブラジルのサン・アグスティン岬あたりまで南下しても海峡は見つからなかった。
一五一四年、ポルトガル人のジョアン・ヂ・リスボアが、現在のアルゼンチンの首都、ブエノスアイレスがあるラプラタ川河口まで来て、「香料諸島への水路を発見！」と報告した。これにより、ヨーロッパの世界地図には、ほぼ南緯四〇度に、大西洋から太平洋に東西に海峡が描かれたものもある。マルティン・ベハイムの地球儀などでもちょうどその辺りであの大きな半島が終わっていたし、ここまで東岸に沿って南下してきて陸が西に曲がっていたら、いざ陸地の南端、と思うのは無理もない。ラプラタ川の河口というのはとても広く、対岸が見えない。ブエノスアイレスに住んでいたとき、ラプラタ川が見えるマンションの二七階に住んでいたが、ずっと水平線が見えているだけで、まるで、海を見ているようだった。

しかし、翌年一五一五年、スペイン人のディアス・デ・ソリスが再びラプラタ川河口に到達、岸に沿って更に奥へ奥へと進み、向こう側の海に出ようとしたが、結局、海に出ることはなく、彼は、現地の先住民に殺されてしまった。

その少し前、一五〇〇年に、アフリカの南をまわってインドに向かおうとしていたポルトガルの船が大西洋を西に流され、カブラルが現在のブラジルの東岸に漂着した。ここは、トルデシリャス条約で決められた線より東だったため、ポルトガル領内であった。まさか線の東側の自分たちの領内にスペインが「発見」した陸地の続きの新しい陸地があるなどとは、トルデシリャス条約を決めた時点では思いもしなかっただろう。後にこの部分はブラジルとしてポルトガル領になる。

が、当時、ポルトガルはすでにアフリカの南端まわりでかなり香料諸島の近くまで到達していて、新大陸よりも一刻も早く香料諸島にたどり着くことのほうが重要だった。

ポルトガル隊はインドのゴア、現在のマレー半島のマラッカを攻撃、占領、そしてついに、フランシスコ・セラーンが香料諸島に到達した。こうして、スペインとの香料諸島への先乗り合戦は、ポルトガルが勝った。

このころ、後にマゼラン海峡を「発見」することになるマゼランは、このマラッカにいたのだった。

マゼランはポルトガル人である。一二歳のときから、ポルトガルの宮廷に小姓として仕えていた。ちょうどその時、スペインのイサベラ女王の支援を受けてヨーロッパ人として初めて西まわりで「インディアス」（東アジアのことを当時はそう呼んでいた）（実は新大陸だった）に到達したあのコロンブスが、その第一回目の航海の帰りにリスボンに寄港、コロンブスの航海への支援を断ったポルトガルのジョアン王に会いに、宮廷に来たのだ。そして一八歳のとき、ポルトガル人、ヴァスコ・ダ・ガマが、アフリカ大陸南端をまわって、初めて東まわりでインドに到達した。このふたつの出来事は、若き日のマゼランの心に強く残ったようだ。

マゼランは、東アフリカやインドに派遣され、一五〇五年から一五一三年ごろの約八年間、ゴア、マラッカ等の東南アジア、インド地域に滞在、イスラム教徒との海戦にも参加、総督アルブケルケよりカピタンの地位を受けた。その後一度リスボンに戻ったが、次には北アフリカのアザムール攻略に参加、右足を負傷している。

しかし、こんなにもポルトガルに貢献したにもかかわらず、次に要請した香料諸島への派遣は聞き入れられなかった。マゼランは、ついに祖国を捨てることを決意、スペインへ行き、スペインのカルロス王に要請した。

スペインはスペインで、ポルトガルに負けないよう、一刻も早く、香料諸島に到達し、交易ルートを確保したいと焦っていた。しかし、トルデシリャス条約により、ポルトガルの領土を通らずに行くためには、西まわりの航路を探す必要があったのだ。

スペインにとって、ポルトガル人ではあっても、こんなに航海技術と香料諸島周辺の知識と経験の豊富な指揮官は願ったりかなったりだった。こうして、マゼランの、スペイン船の指揮官として西まわりで新大陸の南を廻って香料諸島へ到達するという使命を負った航海が決定した。

マゼランたちは、一五一九年八月、スペインのセビリアを出航した。船は五隻。総司令官、マゼランを乗せたトリニダード号（一一〇トン）、サン・アントニオ号（一二〇トン）、コンセプシオン号（九〇トン）、ビクトリア号（八五トン）、サンティアゴ号（七五トン）。乗員は、計二三四人。ポルトガル人が初めの規定より多い約三七人、フランス人、ドイツ人、イタリア人などが約六五人、全体の半分以上はスペイン人である。

だが、スペイン人の船員たちは、総司令官のマゼランがポルトガル人であることが気に入らなかったこともあり、航海中ずっと、内輪もめが絶えなかった。それに対し、マゼランは厳しく接した。

カナリア諸島を通り、ヴェルデ岬を過ぎ、一五二〇年一月、現在のアルゼンチン、ラプラタ川河口のサンタ・マリア岬に到達。そこはすでにソリスが探検し、海峡ではないとわかっていたが、マゼランは納得していなかったので、もう一度確認するため、サンティアゴ号を派遣したが、やはり、どこまで行っても淡水で、海にはつながっていないということがわかり彼はかなり落胆した。

マゼランも、マルティン・ベハイムの地図などを見ていたから、その通りであれば、その辺に、西に抜ける海路があるはずだった。それが無いとすれば、この地図は間違っていることになり、とすれば、この先は、ヨーロッパ人は誰も航海したことがないだけでなく、地図もない海域となり、ただひたすら、陸地の東岸に沿って南下し、その陸地が終わる所、海岸線が西に曲がっているところまで、限りなく手探りで進まなければならない。どこまで続くか、まったく見当がつかない。

マゼランたちは、それでも陸に沿って南下を続けた。入江があった。ずっと岸をたどって入っていく。西側の海に抜けられるかもしれない。しかし、ただの湾だった。こんなことを、航海中に何度繰り返してきたことか。そのたびにがっかりさせられた。ここもそうだった。しかしこの場所はちょっと違うことがあった。

マゼランのこの航海に同行し、無事セビリアに帰還したイタリア人、アントニオ・ピガフェッタの手記『最初の世界周航』によると、「がちょうのような鳥（ペンギン）とアザラシがいっぱい棲息している二つの島につきあたった」と書かれているところから、そこは現在のバルデス半島だと思われる。

バルデス半島近くのプンタトンボは、比較的緯度が低くブエノスアイレスからも行きやすいところでペンギンが見られるので現在は保護区とされ、観光地となっている。私たちも行ったが、ペンギンもゾウアザラシも、自然の姿のまま間近で見られる。ロープを張っただけの小道を観光客が歩いていても、夥しい数のペンギンたちは平気でちょこちょことその前後を横切っていく。その道のすぐ横にも穴を掘り、丘いっぱいに広がる穴のひとつひとつで、オスとメスが交替で卵を温め、見張り番をしていた。ゾウアザラシはのんびりとその巨大な体を岩の上に横たえていた。このような風景を、マゼランたちも、不安な航海の中で、ひととき癒されながら見たのではないだろうか。このペンギンは、ここから南極近くまで多く生息していて、マゼランペンギンと名付けられている。

マゼランたちの船はさらに南へ航海を続けた。南緯四九度辺りにまた入江があった。そのころ南半球は冬になり、更に南に航海を続けることはできないので、この湾で越冬することにした。サン・フリアン湾と名付けたここには、三月から八月まで、約五ヵ月停泊した。

そこで、沿岸地方を探検しに行ったサンティアゴ号が、遭難し、沈没してしまった。

アルゼンチンのバルデス半島近くに生息するマゼランペンギン

ここで、巨人に会う。身体の大きな先住民で、足（履物）も大きかったことから、彼らをパタゴネス（大きな足の人間の意味）とよび、後にこのあたりはパタゴニアと呼ばれるようになった。

このころには乗組員たちはもう疲れ果てていた。嵐や無風状態など天候が悪くて進めないときもあった。食糧も、こんなに長い航海になるとは予想していなかったため、足りなくなってきた。ほとんどがもう戻りたいと思っていた。だが、マゼランは、西側の、香料諸島のある海に出るまで、絶対に引き返すことはできないと、頑として譲らなかった。

航海中、仲間内の争いやもめ事は頻発していたが、あるとき、四人の船長が陰謀をたくらんで提督（マゼラン）を暗殺しようとした。ピガフェッタは、国王に報告するため、詳しく名前も書き残しているが、その陰謀は発覚して、ひとりは部下に身体を四つ裂きにされ、ひとりは短刀で刺し殺された。また次に暗殺計画を企てた部下は、神父と共にこのパタゴニアの地で追放された。

南緯五二度まで来た。陸地が西に折れている！

海峡かもしれない！

ここからはピガフェッタの『最初の世界周航』（『マゼラン　最初の世界一周航海』（ピガフェッ

タ著、長南実訳）（p.46～p.52）から引用する。

「（彼らが「一万一千の聖母の岬」と名付けたところから入った）両岸は雪をいただいた非常に高い山でかこまれている。海峡は非常に深くて、岸のすぐ近くでも二十五ブラッチョないし三十ブラッチョ（約十五メートルから十八メートル）ほどまでは、錨が海底に達しなかった。さて、ここで提督がいなかったならば、われわれはこの海峡を発見できなかったであろう。なぜならばわれわれはみなこの水路が陸地で閉ざされているものと考え、そのように意見を述べていたからだ。しかし提督は以前ポルトガルの王室宝蔵庫で、あの卓越した世界誌学者マルティン・ディ・ボエミア（マルティン・べハイム）が作製した地図を見たことがあり、それによってある非常に狭い海峡を通って航行すべきことを知っていたので、あの水路の奥がどのようになっているかを探索するために、サン・アントニオ号とコンセプシオン号の二隻の船を派遣した。

そしてわれわれはあとの二隻、すなわち旗艦トリニダー号とビクトリア号とともに湾（ポセシオン湾）の中で待機することにした。その夜、烈しい暴風が襲ってきて翌日の昼までつづいた。それでわれわれは錨を上げて湾内をあちこちと吹き流されるままにした。派遣されたほうの二隻も暴風でひどくいためつけられ、湾のほとんどいちばん奥にある岬（ポセシオン岬）を迂回して、われわれが待機しているところまで引き返すことができなくなった。いずれ座礁でもしなければならぬ成り行きだった。こうして湾の奥に近づきながら、乗組員がもはやこれまでと観念していたとき、ちっぽけな水路が目にはいった。しかしこれも水路のようには見えないで、たんなる曲がり角のようだった。かれらは絶望したままそこへはいっていった。するとまったく思いがけず水路が現れたのだ。それがたんなる曲がり角ではなくて通りぬけの水路であることを発見して、かれらはその中へ進入し、もう一つの湾（ブーカント湾）を発見した。そしてさらに前進をつづけ、もう一つの水路と、それから前の二つのよりも大きな第三の湾（ブロードリーチ湾）を発見した。かれらは大喜びで、提督に報告するためにただちに引き返すことにした。

われわれは、かれらが遭難したものと信じていた。第一に、暴風があんなに烈しかったし、第二に、かれらが出発してからすでに二日もたったのにまだ現れなかったからだ。それにまた、かれらがわれわれに報告するため岸に派遣した二名の船員が上げた煙を見て、われわれはそれが遭難の合図だと思ったのだ。このように懸念していたときに、二隻の船が帆に風をはらませ、旗をなびかせながら近づいてくるのが見えた。こうしてさらに接近してくると、かれらは突然祝砲を轟かせ、歓声をあげた。それからわれわれ全隊員はいっしょになって神と聖母マリアに感謝の祈りをささげ、さらに探検をつづけるために前進した。

＊　　＊　　＊

海峡の中へ進入してゆくと水路が二つに分かれていた。一つは南東の方へ、もう一つは南西の方向へ通じていた。提督はサン・アントニオ号とコンセプシオン号に命じて、南東の水路が太平洋に通じているかどうかを調査するために先行させた。ところが、サン・アントニオ号はコンセプシオン号を待っていようとはしなかった。というのは、この船はわれわれの船隊から離脱してスパーニャ（スペイン）へ引き返すことを計画し

ていたからで、事実それを実行した。この船の航海長はステファン・ゴメスという名前であるが、かねてからマガリャネス（マゼラン）提督にたいして大きな憎しみをいだいていた。その理由は、われわれの船隊が編成されたときよりももっと前に、ゴメスは新しい陸地発見のため数隻のカラヴェルラ船を与えてくれるよう申し出る目的で、皇帝陛下のもとに来ていた。ところがマガリャネス提督が現れたので、陛下はゴメスに船隊を与えなかった、といういきさつがあったのだ。この船にはわれわれが捕虜にした巨人のひとりを乗せていたが、その後熱帯地域に入ると死んだとのことだ。

コンセプシオン号は僚船に続いて航行できなかったので、あちらこちらと捜しまわっていた。サン・アントニオ号は夜になるとくるりと針路を回転し、その海峡を逆もどりして脱走した（ピガフェッタは帰還後このことを聞いた）。さてわれわれは南西のほうの水路を探検しながら航しつづけた。この水路をずっと踏査しているうちに河を発見し、これにフィウメ・デルレ・サルディーネ（鰯の川）と名づけた。この河のあたりにたくさんの鰯がいたからである。先に派遣した二隻の船を待つためにわれわれはここで四日間ぐずぐずしていた。そのあいだに、よく装備をととのえたバッテルロを一隻派遣して、水路の先の海を探索させた。三日目にバッテルロがもどってきて、水路の出口に岬と広大な海を発見した模様を報告した。

提督は喜びのあまりはらはらと涙を流し、水路の出口の岬を「待望の岬（カーボ・デセアード）」

と命名した。というのも、われわれは長いあいだこれを待ち望んでいたからだ。われわれは二隻の僚船を捜すためにひきかえした。しかし、コンセプシオン号しか見つからなかった。それでもう一隻の船の所在をたずねると、ジョアン・セラーノが答えて、サン・アントニオ号の消息はわからない、水路調査のため出帆して以来二度とその姿を見かけない、ということであった。このジョアン・セルラーノというのは、前には、沈没したあのサンティアゴ号の航海長だったが、その後コンセプシオン号の船長兼航海長になっていたのである。それでわれわれは水路の全域にわたって捜索をつづけ、あの船が出ていった湾の入口まで引き返した。提督はビクトリア号を海峡の入口まで派遣して、サン・アントニオ号がそのあたりにいないかどうか捜索させた。そしてもし発見できぬ場合には、小山の上に旗を立て、旗竿の根もとに壺に入れた手紙を埋めておくように命じた。そうすればかれらが旗を見つけたときに、手紙を読んで船隊の進んだ方向を知ることができるわけである。というのも、船隊から脱落した船が生じた場合のために、このような処置があらかじめ定められていたのだ。このときは、手紙といっしょに二本の旗が、一本の旗は第一の湾の山の上に、そしてもう一本は第三の湾の小島（サンタ・マグダレーナ島）に建てられた。この小島には海豹《あざらし》と大きな鳥がいっぱい棲息していた。

提督は二隻の船とともにイスレオ河の河口の近くで、ビクトリア号が帰ってくるのを待機していたが、この河の付近にある小島に十字架を立てさせた。河は雪におおわれた山のあいだを流れてきて、鰯の河のすぐ近くで海に注いでいる。もしもわれわれがその海峡を発見できなかった場合には、提督の計画としては、南緯七十五度の地点までさがってみよう、というつもりだった。そのような高い緯度では、夏の季節には夜がまったくないか、あるいはほんの短時間であり、反対に冬の季節には昼間がこれとおなじ現象を起こす。

さて、このことを閣下に信じていただきたいのであるが、われわれがあの海峡の中にいるあいだ、それは十月であったが、夜はわずか三時間しかなかったのである。海峡の左岸の陸地は南東の方向に展開して低くなっていた（フエゴ島をさす）。この海峡をわれわれはパタゴニア海峡（現在ではマゼラン海峡）と名づけた。」

船隊は海峡を通過するのに約一か月かかっている。（もうひとりの記録者、トランシルバーノは二十二日間と書いている）。マゼラン海峡は、大西洋側の一万一千の聖母の岬から太平洋側のデセアード岬までで、この二つの岬はいずれも南緯五二度に位置している。しかしこの海峡は一本のまっすぐな通路ではない。地図や引用文をみてもわかるように、入り組んだ海岸線と島々の間を縫う様に進まなければならない。その全長は約五六〇キロあるという。

こうして、マゼランの一行は、苦労の末、この航海困難な海峡を無事通りぬけて、大洋に出た。

この海は、あのバルボアがパナマ地峡から見たあの海とつながっているのだ！ここを抜けたら、すぐアジアの香料諸島に着く！と、彼らは信じていた。

ピガフェッタは、海峡を抜けてから、香料諸島どころか全く島や陸が見えない大洋を何日も何日も航海した大変さも記述している。同書からもう少し引用しよう。（p.60～p.62）

「一五二〇年十一月二十八日水曜日に、われわれはあの海峡からぬけでて、太平洋のまっただ中へ突入した。三ヵ月と二十日のあいだ新鮮な食べ物はなにひとつ口にしなかった。ビスコット（乾パン）を食べていたが、これはビスコットというよりはむしろ粉くずで、虫がうじゃうじゃとわいており、いいところはみな虫に食いあらされていた。そして、鼠の小便のにおいがむっと鼻につくようなしろものだった。日数がたちすぎて腐敗し、黄色くなった水を飲んだ。また、主帆柱の帆桁《ほげた》に貼り付けてあった牛の皮さえも食べた。この皮は帆桁が綱を磨損させないように張ったもので、日光と雨と風にさらされてこちこちに固くなっていた。この皮をまず海水に四、五日つけておいて、そのあとですこし火であぶって食べた。それからまたわれわれは鋸屑《おがくず》もしばしば食べた。鼠は一匹につき半ドゥカート（昔の金貨）の値段がつけられ、しかもなかなか手にはいらなかった。しかしながらあらゆる苦労にもまして、最悪の事態というのはこうである。何人かの隊員の歯茎が歯まで腫れてきて―それは上歯も下歯もおなじことだが―どうしても物を食べることができなくなり、この病気（壊血病）で死ぬ者が生じたのである。十九人の隊員とあの巨人とヴェルツィンの国のインディオも死んでしまった。さらに二十五人から三十人ほどの隊員も、ある者は腕が、またある者は脚だとかその他のところが病気になり、こうして健康な者はわずかしかいなくなった。神の恩寵で私はなんの病気にもかからなかった。

この三ヵ月と二十日のあいだわれわれは太平洋をひとすじに、およそ四千レーガ（約二万二四〇〇キロ）にわたって航行した。（まことにあの海は太平であって、この長い期間にわれわれはただの一度も暴風雨に出合わなかった。）またこのあいだ陸地はまったく見えず、ただ小さな無人島が二つあるだけで、小鳥と樹木のほかは何もなかった。」

ここにも書かれているように、このころは技術的には長期の航海が可能になったのだが、大きな問題は食糧や水と、乗組員の健康だった。壊血病の症状は、歯茎が柔らかくなって出血し歯が抜ける、体中にあざができ、全身が筋肉痛になる、鼻、口から出血し息が臭くなる、胸が痛くなって呼吸が苦しくなる、など、そして死に至る。この原因は、長期航海の間食糧の補給ができず、

新鮮な野菜などを摂らないからではないかと気が付き始めた人もいて、一七世紀になると、レモン汁が即効性がある、ということがわかってきた。しかし、信じない人も多くまた乗組員たちはレモンや柑橘類を嫌ったし、なかなか浸透しなかった。壊血病は、長期航海にはつきものだった。ビタミンC不足というのは恐ろしいことなのだ。

こうして、トリニダー号、コンセプシオン号、ビクトリア号の三隻の船は、一五二一年三月、フィリピン諸島に着く。が、マゼランは、フィリピン、セブ島で先住民の争いに巻き込まれて命を落としてしまう。

その後は残った船員がファン・セバスチャン・エルカノの指揮のもと航海を続け、喜望峰をまわり、一五二二年九月八日、最後にはビクトリア号だけが、たった一八人の船員を乗せてスペインのセビリアに帰還し、世界一周航海を成し遂げた。そこでスペイン人に言わせると、初の世界一周航海の栄光はこのエルカノのものだということになる。しかし、あれだけの強い意思を持ったマゼランなしでは、海峡に到達、通過してフィリピンに着くことはできなかったかもしれない。また、マゼランはこの航海以前に、アフリカ南端をまわって東まわりではマラッカまで往復していたので、太平洋を横断してフィリピンに着いた時点で、実質的には世界一周を完遂している。

もうひとり、エルカノより先に世界一周航海を成し遂げた人物がいる。それは、スマトラ島出身のエンリケだった。彼は香料諸島で香辛料の荷担ぎをする奴隷としてジャワ商人に売られ、モルッカ諸島やバンダ諸島をジャンク（商船）で航海していたが、マラッカに帰港したときにポルトガル艦隊のマラッカ攻撃に合い襲撃され、マラッカ王に徴発された奴隷兵のひとりとして捕えられたのだった。マゼランは彼が香料諸島に詳しいことを知って自分の従僕とし、彼をエンリケ・デ・マラッカと呼んでポルトガルに連れ帰った。そして小姓兼通訳としてこの西まわりの航海に同行させていたのである。

彼は、マゼランらと広い太平洋を航海して小さな島にたどり着いたとき、島民の言葉が母国の言葉と似ていて理解できることに気付いた。そして世界をまわって故郷に戻ってきた嬉しさに震えた。それを見たマゼランは、自分たちが西まわりの航海を成功させ、まさに香料諸島の間近まで来ていることを確信した。マゼランは無事香料諸島に着いたときにはエンリケを解放すると約束していたが、マゼラン亡き後のスペイン人はその約束を果たさなかったため、エンリケは島の王と組んでスペイン人たちを歓迎の宴に招待、そこで襲撃した。スペイン人たちは四〇人もの仲間を失った。

いずれにしても、マゼラン隊はヨーロッパ人として初めて世界を一周し、彼らの航海の結果、アメリカ大陸の西には更に大きい海があることがわかり、世界は球状であることが立証された。

と同時に、この陸地は南極近くまで続く大きな『陸地の壁』となってたちはだかり、途中には海峡も水路も無いこと、そして、この陸地の南をまわって香料諸島へ行く航路は、それまで誰も予想していなかった、広大な海、太平洋を渡らなければならないことがわかった。結局、残念なことに、西まわりで香料諸島へ行く航路は、近くもなく、楽でもないことも、わかった。

コラム① 香料諸島その1「ルン島ってどこ?」

当時のヨーロッパの人たちは何故そんなに東南アジアの香料(スパイス)を欲しがったのか。そして、香料諸島とは、具体的にどこのことか。

東南アジアの、現在のインド、インドネシア、マレーシアの熱帯地方でとれるスパイスは、アラブ人によってヨーロッパにもたらされ、ギリシア、ローマの頃から食品の保存と香り付けなどに使われていた。食品を新鮮な状態で保存する方法がなかった当時は、酸化の速度を遅くし腐敗を遅らせるため、また乾物や燻製、塩漬けの味をよくするために必要とされた。また、風邪薬や解毒剤など、医薬品としても使われた。

それらのスパイスとは、主に胡椒、シナモン、ナツメグ、クローブだが、その中でも、ナツメグについては、ペストにかかりにくくする効果があるとされ、小袋に詰めて首にさげたりもしていたという。ペストはネズミーノミーヒトというペスト菌の感染によって発症するのだが、ヨーロッパでもたびたび流行し、特に一三四七年から五三年の大流行では、ヨーロッパ全人口の約三分の一が死亡したと言われている。そのペストに効くと言われれば、首に下げたくなる気持ちもわかる。我々もつい最近アフリカで流行したエボラ出血熱など未解明で感染力の強い病気の恐ろしさは痛感させられたところだ。しかし、『スパイス、爆薬、医薬品　世界史を変えた一七の化学物質』の著者、P・ルクーター・J・バーレサンによると、ナツメグの特徴的な匂いはイソオイゲノールによるものだが、ナツメグが、その葉を食べる昆虫、菌類に対する防衛物質としてイソオイゲノールを生産しているとすると、ペストの感染にもいくらか効果があったのかもしれない、とのことだ。ただし、彼はこう付け加えている。「もしナツメグが買えるほど豊かであれば、ネズミやノミの少ない、つまりペストに感染しにくい、密集地域ではないところに住んでいたであろう。」

ナツメグはヨーロッパの人々にとって高価なものだった。それは、ナツメグが、インド西海岸の胡椒や、セイロン島（スリランカ）のシナモンに比べ、ずっと限定された島でしかとれなかったからである。ではその島とは、どこの島か。

香料諸島と呼ばれたのは、現在の地図ではモルッカ諸島で、インドネシアのニューギニア島に近い方にある小さな島々だ。その中でも、小さな島、テルナテ島とティドーレ島に、クローブの木は生えていた。ナツメグの木は、更に小さい七つの島が集まるバンダ諸島にのみ、生えていた。そのなかでも、後にヨーロッパ各国の戦いの場となる重要な島が、幅約八〇〇メートル、全長約三・二キロメートルの小さな小

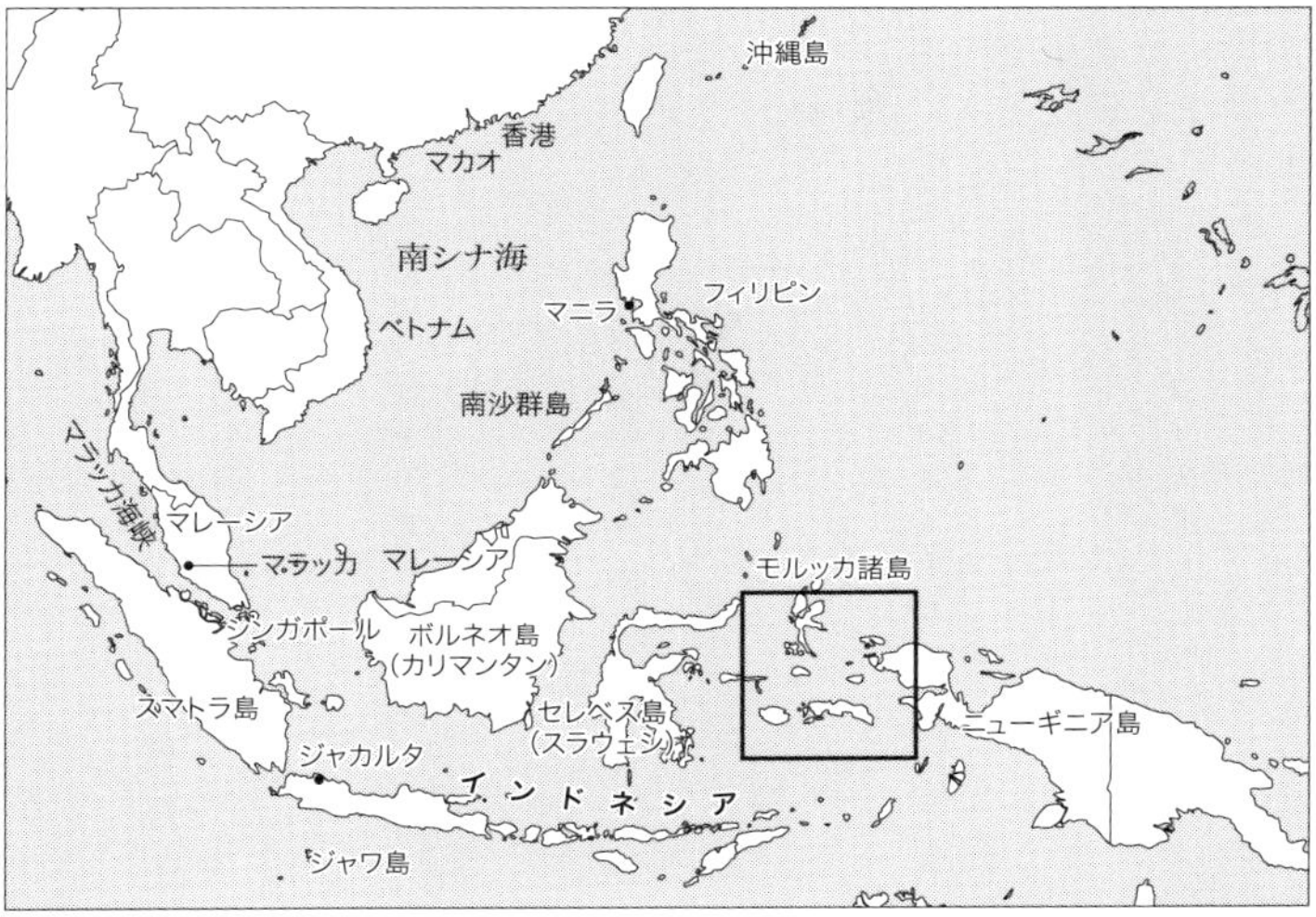

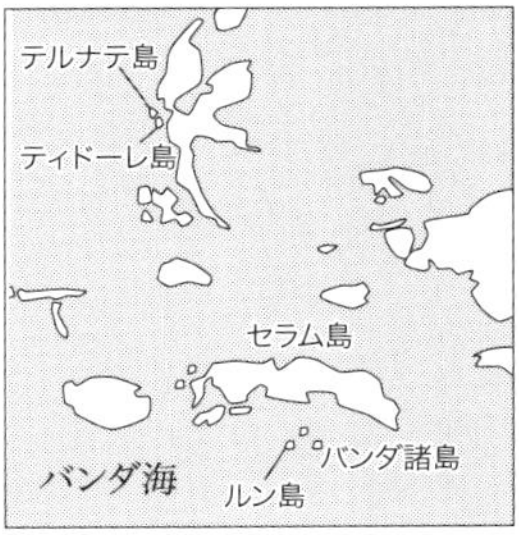

さな島、ルン島である。

ルン島は、『スパイス戦争』の著者、ジャイズ・ミルトンによると、島の山々や斜面は得も言われぬ芳香をただよわせるナツメグの木からなる森でおおわれていた。丈高く、月桂樹のような葉と、美しい形の花とみずみずしいレモンイエローの果実をつける。しかし、バンダ諸島は火山灰土壌の岩塊の集まりで、主要なネイラ島のあたりから一〇マイル以上離れたところにあるルン島は、火山性の環礁にあって危険な暗礁に囲まれている。きまぐれな潮流が周りで暴れ、容易に近づけない。

そこで、まず島民自らがナツメグを収穫し、それをジャワ商人が、周辺の島の部落から売られてきた奴隷を使ってジャンク（荷船）でマラッカまで運んだ。マラッカは中国船、イスラム船などが集まる通商の中心地であったから、そこで取引が行われ、そこから、イスラム商人、ヴェネツィア商人などが地中海まで運び、そこでやっとヨーロッパ人が手に入れることができた。こうしてナツメグの価格はバンダ諸島からヨーロッパに達するまでに非常に高価になっていた。そこでヨーロッパ人たちはイスラム商人やヴェネツィア商人の支配地域を通らずに自らマラッカまで行って、直接ナツメグを買いたいと、海の道を進んだのだった。

まず、ヨーロッパの西の端にあったポルトガルが、船を南に進めた。アフリカ西岸を南に進むのにも非常に勇気が必要だった。南に行くと海水が温かくなっていくのは、その先で海水が煮えたぎっているからだとか、怪人がいるという噂もあった。未知の海路だった。やっとのことでアフリカ南端をまわってアラビア海、インド洋に出ると、そこはイスラムの世界だった。その先香料諸島までの長い航路を進むためには途中に港が必要だ。ポルトガル人たちはイスラムや現地の港町を次々と攻撃、占領しながらついにマラッカまでたどり着き占領することに成功、その後ついに香料諸島に到達した。

スペインは、トルデシリャス条約でポルトガル領とされた地域を通らずに香料諸島へ到達しようと、ヨーロッパから西に船を進めた。こちらも相当な勇気が必要だった。こちらも未知の海路だ。しかしまず一人目のコロンブスが陸地にたどり着いたことを知ると、次から次へと探検者や入植者が続いた。そしてマゼラン隊がその陸地の南をまわって、西まわりで香料諸島へ到達した。マゼラン本人はフィリピンで命を落とした後だったが、残った船員たちが香料諸島のクローブの産地、ティドーレ島に着き、クローブやナツメグを大量にスペインに持ち帰った。

こうして東まわりと西まわりでポルトガルとスペインが香料諸島にたどり着いたわけだが、もともと西まわりの方が近いという先入観があったからか、香料諸島は当然スペイン領だと思われていたようだ。しかしスペイン王は、アメリカ大陸から太平洋を横断して香料諸島まで往復するのはまだ困難だったため、一五二九年、香料諸島の権利をポルトガルに売却した。ただしマゼランが到達したフィリピンの領有は確保していた。当時は正確な地図があったわけではない。トルデシリャス条約で決めた線で地球を二分したとして、現在の地球儀で裏側を見てみると、実際はどちらもポルトガル圏内だったのだが。

第四章

海賊フランシス・ドレイク

『壁の中央』パナマ地峡を越える金銀とスペイン船略奪

バルボアがこの『壁』のほぼ中央のパナマ地峡を歩いて向こう側まで行ってからは、続々と探検隊が大西洋（カリブ海）側から太平洋へと向かった。そして、逆に、金銀財宝が、太平洋側から大西洋（カリブ海）側へとこの『壁』を越えた。

それを狙って略奪行為をおこない、更に、太平洋側ペルー沖でスペイン船を略奪するために、マゼラン隊以来約五〇年にして、世界で二隊目のマゼラン海峡通過隊となったうえに、更にその後なんと、自身で世界一周航海してしまった海賊がいた。あの有名な、イギリス人海賊フランシス・ドレイクだった。

カリブ海での海賊

一般的にカリブ海を舞台にしていた海賊たちというのは、一言で言うと、スペインの船を襲って、スペインが「新大陸」からヨーロッパへ運んでいた金銀財宝を奪っていた、イギリス人、フランス人、オランダ人などだ。要は、スペインに先を越され、大西洋の西半分と新しい陸地のほとんどとその交易権をすべて握るスペインを憎む、スペイン以外のヨーロッパ人たちだった。

そんな海賊たちの中で、最も有名な人物のうちの二人、フランシス・ドレイクとヘンリー・モーガンは、どちらもイギリス人で、海上だけでなくパナマ地峡に上陸し、町を襲撃して、スペイン人が集めた金、採掘した銀、そしてパナマなどで加工した金銀製品などを奪っていった。

「海賊」というと、海で小さな海賊船から大型帆船に乗り移って戦い略奪するものだというイメージがあり、大半はそうだったかもしれないが、船を降りて陸にあがり、しかもジャングルを歩きまわって町を襲うこともあったということはあまり知られていない。

この二人は違う時代に活動し、同じ「海賊（一般にはpirate）」でも、正確にはその背景も意味も違い、呼び方も、一六世紀のフランシス・ドレイクは「コルセアcorsair」、一七世紀のヘンリー・モーガンは「バカニアbuccaneer」なのだが、日本ではどちらも「海賊」と訳している。どちらにしても彼らは、強盗、争い、略奪が大好きな荒くれ者で、その彼らに、パナマ地峡のスペイン人たちは散々苦しめられたのだった。

この章では一六世紀のドレイクについて述べるが、その前に、スペイン人たちがどのようにして、金銀財宝をインカ帝国やポトシ銀山（主に現在のペルー、ボリビア地域）からスペインまで運んでいたか、みてみよう。

中・南アメリカの金銀とその運搬方法

先にも触れたが、パナマ地峡では、バルボア亡きあと、一五一九年に、ペドラリウスが高温多湿で熱帯病も多く生活しにくいカリブ海側から太平洋側に根拠地を移し、パナマという町を築いた。

初めは、パナマ地峡で金を持っている先住民から金を奪ったりしていた。コロンブスが最初に上陸したときも、ベレン川の河口で金の装飾品を持った部族に会い、ベラグアス地方に金鉱があることを突き止めていたし、東のダリエン地方にも金があったようだ。

一九三〇年代になって、コクレ地方でシティオ・コンテ遺跡が発見され、その地域の先住民はコクレ文明という高度な土器や金細工の技術を持っていたことがわかった。更に二〇〇九年頃から発掘を始めた、やはりコクレ地方のエル・カニョ遺跡からも多くの金細工が発見された。それぞれ、王と王女の墓ではないかと考えられている。しかし、これらは約一〇〇〇年前のものという説もあるので、その後スペイン人が来たときに彼らがどうなっていたかはわからない。地中深い墓であるが、建造物などは残っていないしまだ謎に包まれている。どちらにしても、バルボアが出会った、カリブ海側の部族も金の装飾品を持っていて、太平洋側にはもっと持っている部族がいたぐらいだから、パナマ地峡にも金があった。

しかしそれだけでは飽き足らず、ペドラリウスはパナマを拠点にアメリカ大陸の太平洋岸を北へ南へと航海、探検させた。

ちょうどその頃キューバ島から現在のメキシコへ上陸、探検していたスペイン人コルテスが、アステカ帝国を「発見」、滅亡させ、膨大な量の金銀財宝を手にした。このことから、この大陸にはまだまだ金銀財宝がある、またそういうものを持つ文明帝国があるのではないかと、ピサロはパナマから船で南に向かい、現在のペルーに上陸して、インカ帝国をみつけ、三回の遠征を経て、八年かけて滅亡させた。ここでも金や財宝を大量に入手することができた。このインカ帝国の金、そして、その後一五四五年に発見された、現ボリビアのポトシ銀山で採掘した銀などは、まず陸路ペルーの太平洋岸のカジャオ港に運ばれ、そこから船でパナマまで運ばれ、そこからまた陸路パナマ地峡を横断して大西洋（カリブ海）側の港、ノンブレ・デ・ディオスやポルトベロまで運ばれ、そこから再び船に載せられてスペインへ向かった。

ペルーから太平洋側のパナマ市に着いた金銀はどのようにして大西洋（カリブ海）側の港に運ばれたのか。バルボアがパナマ地峡を横断したときは、原住民しかそのジャングルの中の行き方を知らなかったが、この頃にはスペイン人たちも原住民が使う道筋をみつけ利用するようになっていた。そして、その幅も狭く起伏の多い土の道にやがて石を敷き詰めて石畳のようにしていった。

　こうしてできあがった道は「王の道（カミノ・レアル）」と呼ばれ、金銀の運搬ルートとして、重要な役割を果たした。全長約八〇キロ、幅はラバ（雄ロバと雌ウマの交配による一代雑種）が荷を積んでやっと通れる幅、約一・五から広くても三メートルぐらいの道で、パナマ地峡を横断するのに、乾季でも一週間はかかった。パナマ地峡では一年のうち約九か月間が雨季であるが、雨季には道がぬかるみ、川は氾濫し、高湿度の蒸すようなジャングルの中の起伏の激しい丘陵地帯を歩くのは困難だったので、この小道は乾季のみしか使えなかった。

　この、全て陸路で地峡を横断する「王の道」の他に、太平洋側のパナマ市から三〇キロほどのところまで陸路、そこから大西洋（カリブ海）までの、全

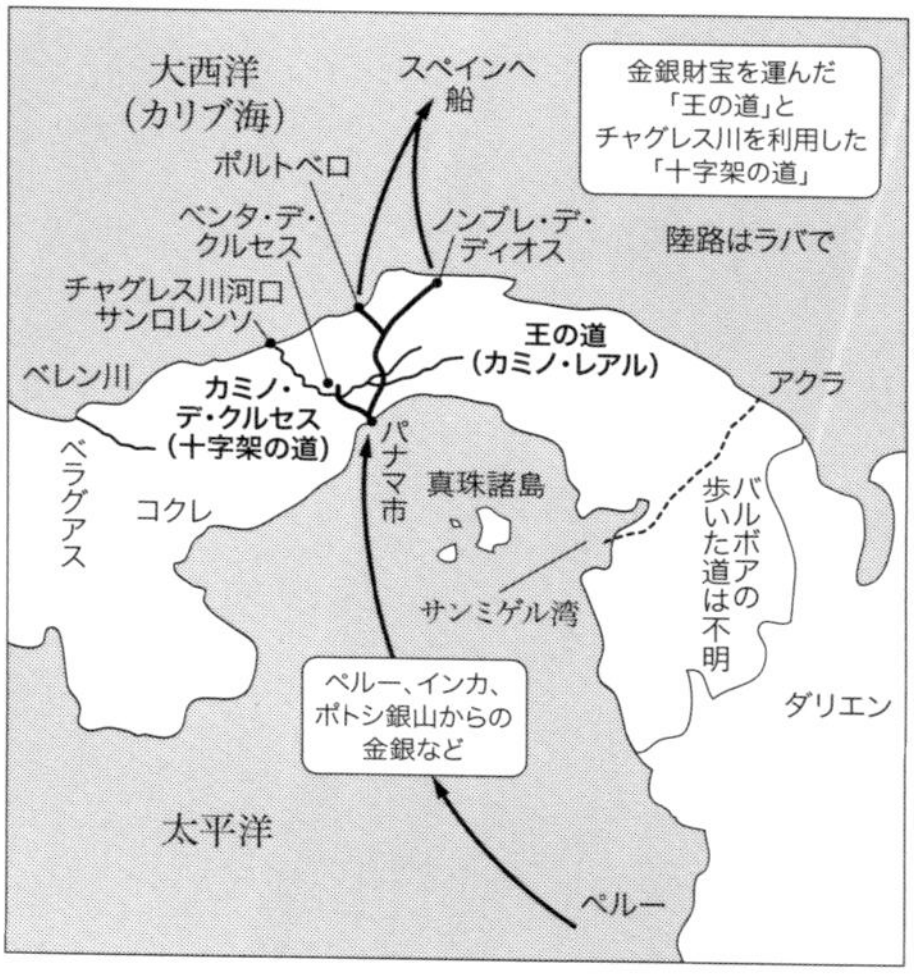

体の行程の約三分の二をチャグレス川を利用し、筏、またはボンゴと呼ばれた平底の船（二〇から二五人の奴隷が漕ぐ）で一気に下るルート、「十字架の道（カミノ・デ・クルセス）」もあったが、これはいくらか楽ではあったが輸送費が高くつくことと、外敵に対して無防備になることから、金銀財宝の輸送には使われなかった。

ノンブレ・デ・ディオスからは船でスペインへ運ぶのだが、特に、ペルー（現ボリビア）のポトシと、メキシコのサカテカスで銀山が発見され銀を大量に運ぶようになってから、大西洋上で海賊に襲われることも多かったため、一五六〇年代には、スペインは、アメリカ大陸との交易に船団方式を確立した。これは、輸送船に五‐六隻の艦隊を護衛につけて船団を組んで大西洋を横断する方式で、スペインからこれらの船団がアメリカ大陸の三大重要港、現メキシコのベラクルス港、現コロンビアのカルタヘナ港、現パナマのノンブレ・デ・ディオス港（後にはポルトベロ港）に派遣された。これらは、フロータス船団、ガレオネス船団とよばれ、スペインからは南アメリカにいるスペイン人たちへの物資を運んできた。

パナマ地峡では、船団がカルタヘナ港に入港した時点で連絡がパナマ市に届き、それに合わせてパナマに保管してあった金銀を、「王の道」を通って、多いときは、何百頭というラバに荷物を載せ、一列の長い隊列でノンブレ・デ・ディオスまで運んだ。そのときばかりは、普段は静かな町に大勢の人が集まり、市がたち、スペインから運ばれてきた日用品やいろいろな商品も売られた。そしてノンブレ・デ・ディオスで船に積まれた金銀は、そこから、再び大船団を組んで護衛しながら、キューバ島のハバナを経由、フロリダ沖を通って、スペインへと運ばれた。船は大きくても帆船であるから、風（モンスーン）や海流に合わせてそれを利用しながら航海する。しかしその航路は嵐の多い海域を通過しなければならず、座礁もしやすく、海賊も待ち伏せていた。

スペイン船団の航路

大量に金銀を積んだ大船団がスペインに向かうのは年に一度だが、ほかに個人の商船などもスペインからの物資を運んで来て交易をするし、どの船も腐りやすい水の代わりにたくさんのワインを積んでいる。海賊にとっては、どの船を襲っても、収穫はいくらでもあった。

海賊フランシス・ドレイクの略奪

フランシス・ドレイクは、従兄であり、三角貿易（アフリカから黒人奴隷を連れてきて中央アメリカで売り、そこで金銀を手に入れてヨーロッパに持ち帰る）で有名な奴隷商人、ジョン・ホーキンズのもとで航海経験を積みながら、スペインの金銀を狙っていた。年月をかけてカリブ海周辺のスペイン人の金銀運搬方法について細かく情報を集め、パナマ地峡のカリブ海側の金銀の出航地、ノンブレ・デ・ディオスを襲い財宝を奪うため、パナマ地峡に秘密の基地港を作るなどして周到な計画を立てていた。

そしてついに、一五七二年七月二九日の明け方、ドレイクは七三人の部下を率い、ノンブレ・デ・ディオスの町に上陸、攻撃をしかけた。彼らは火槍に火をつけ、太鼓とトランペットで勇壮に音を立てながら、大通りを行進した。教会の鐘がけたたましく鳴り、町の人々はジャングルの中へ逃げ込み、スペイン兵士たちは一斉射撃をあびせた。海賊側も一斉射撃を返したあと、矢、火槍などを使って突き進んだ。

そしてさんざん町を荒らしまわったが、結局、そのときはドレイクが足を負傷、タイミング悪く熱帯のスコールにも見舞われ、銀塊の山を目の前にしながら、略奪には失敗。

しかしそれで諦めるドレイクではなく、後日パナマから金銀財宝を積んだラバ隊が「王の道」を通ってやってくるという情報を得ると、今度は、ジャングルの中で待ち伏せをして襲った。そのときはまたスペイン人の警戒心と策略に阻まれたりもしたが、執拗に約一年半もジャングルや秘密基地に潜み、その間も沿岸を通るスペイン船を片端から襲い、略奪しながらノンブレ・デ・ディオスの町を狙った。最終的には、黒人奴隷としてパナマ地峡に連れてこられてジャングルの中に逃げ込んだマルーン（シマロン）を味方につけ、更にはフランス人海賊のテトゥ船長と組み、膨大な量の金銀の略奪に成功した。

そのときのジャングルでの略奪の様子を、『パナマ地峡秘史―夢と残虐の四百年』（ディヴィッド・ハワース著、塩野崎宏訳）の「エリザベス朝当時の記録（註）による」とされている部分から引用する（p.102～p.104）。

「小道にそっと近づくと、ラバの列がやって来るのが見えた。三隊のラバはすべてで二百頭近く、一頭ずつつなぎ合わされ、全部が荷をつけていた。兵士が護衛についていた。ドレイクの

呼び子の合図で仲間は一斉に姿を現わし、一番先頭と後ろのラバをつかまえて列の動きを止め、道をふさいだ。矢と小銃弾がとびかい、マルーン一人が死亡し、テトゥ船長は、散弾を腹部に受けて重傷を負った。スペインの護衛兵は逃げた。

マルーンたちは正しかった。財宝は運びきれないほどあった。ラバの大部分は銀をつんでいた。一頭につき百三十キロほどあり、総計三十トンはあった。黄金の延べ棒や延べ板をつんでいるのもあった。そこで、彼は黄金を奪い、そのあとあわただしく二時間もかけて、銀の延べ棒を陸蟹の穴や、倒れた木の下や、川床の砂の中などに埋めた。半分も作業が終わらないうちにノンブレ・デ・ディオスから兵士や騎士がやって来るのが聞こえたので、彼らは黄金をかついでジャングルへ隠れた。

町では財宝隊の護衛が息せき切って事件を知らせると、教会の鐘がふたたび鳴らされ、太鼓がたたかれ、市長が市民に武器をとれと呼びかける布告を読み上げた。そして市長自ら一隊をひきいてスペイン小道を急いだ。コルセア（海賊）たちが上陸したと予想される地点には、陸上から五十人の兵が送られ、財宝艦隊司令官ディエゴ・フロレス将軍は、手持ちのすべての小型帆船を、各川口の哨戒のため出動させた。市長とその部下は、ロバの列が算を乱し、箱がこわされ、マルーンが一人死亡し、フランス人一人（と彼らは報告しているが）が首を切りとられているのを発見した。一隊の兵士が追跡のためジャングルに入り、体が衰弱して動けなくなった哀れなテトゥ船長を捕えて殺した。もう一人のフランス人がやはり捕えられ、町へつれて行かれて拷問を受けたあげく銀の隠し場所を告白した。ところがその夜嵐となり、大雨が降ったため、ジャングル内の追跡が中止された。

ドレイクとその一団は次の日一日行進したが、黄金は見かけよりもはるかに重いことを知った。夕方、腹を空かし、疲れ、身体中ぬれた彼らは、迎えがやって来ているはずの地点についた。しかし迎えはいなかった。それどころか、海上にはフロレス将軍の船が七隻も見えた。ドレイクでさえも最悪の事態になったかと思った。スペイン側が、味方の小型帆船を捕らえ、その瞬間にも本船の在処を知ろうと乗組員を拷問にかけているのではないかと想像したのだ。一味のなかには、故郷へ戻る道が絶たれ、獲物が無用になったと考えるものもいた。」

しかし、そこでドレイクは、いかだを作ることを思いつき、嵐によって川の上流から流れてきた木を使い、固パンの布袋を帆に、若木を櫂にして、外海に漕ぎ出し、六時間かけて無事同僚の帆船に戻ることができた。そしてその一週間後、隠してきた財宝を掘り出すために再び上陸、大半はスペイン人たちが掘り返していたが、金銀の延べ棒を取り返し、これらの収穫物を持ってイギリスに戻ることにした。

そのパナマ地峡滞在中、ドレイクはバルボアと同じように、地峡の中間に近い丘の上で、「南の海（太平洋）」を眺め、自分もマゼランのようにこの大洋をイギリスの船で乗り回してみたい、と思ったともいわれるが本当かどうかはわからない。

しかし実際に、ドレイクは一五七七年、ペリカン号（後にゴールデン・ハインド号と改名される）に乗りイギリスを出航し、太平洋に向かう。南アメリカ大陸の東岸を南下し、マゼランと同じルートを通り、マゼランと同じように部下の反乱にあい苦労しながらも、マゼラン海峡自体は一六日間で越えた。ヨーロッパから来て南アメリカ大陸南端のマゼラン海峡を越えたのはまず一五二〇年にマゼラン、そして二人目が、この五八年も後の一五七八年に越えたフランシス・ドレイクなのだ。ところが、太平洋に出たとたんに天候が悪化、一カ月もの間、嵐に翻弄され、マゼラン海峡の南にある島、現在のフエゴ島（ティエラ・デル・フエゴ）よりまだ南の島のあたりまでずっと南に流されてしまった。しかし、そのお陰で、それまでは南アメリカ大陸の南に、南極につながる陸地があると思われていたが、南極も伸びてきてはいるが、大西洋と太平洋をつなぐ、予想より広い海があることがわかったのだった。そこは今ドレイク海峡と呼ばれている。

この後は南アメリカ大陸南端をまわるというときは、難所といわれるマゼラン海峡よりも、ドレイク海峡、つまり、マゼラン海峡の南にあるフエゴ島より更に南のウラストン諸島のホーン岬をまわる航路が多く使われるようになっていく。

ちなみに、マゼラン海峡は現在のチリにあり、その南のフエゴ島の東半分はアルゼンチンである。私たちはパタゴニア旅行のとき、フエゴ島にある南アメリカ最南端の町、ウスワイアに行ったのだが、そこのビーグル海峡にたまたま、座礁して錆びきった船がそのまま放置されていた。それを見て私はマゼラン時代の航海者たちに思いを馳せたのだった。でも、その時自分が、マゼラン海峡より更に南にいるとは気が付いていなかった。

さて、太平洋に出たドレイクは、今度は太平洋側からパナマ市を襲い略奪する計画を立てていたが、そこまで北上する途中で、数多くの海賊としての好機に恵まれた。例えば、現チリのバルパライソ港を攻撃し膨大な金を押収、アリカやカジャオでもかなりの量の銀を略奪、更には、現ペルー沖で、まさにリマから金銀を大量に積んでパナマに向かうスペインの財宝輸送船、ヌエストラ・セニョラ・デ・ラ・コンセプシオン号（海賊たちはこの船をカカフェゴ号と呼び、本にもよくこう書いてあるが、これは蔑称である）を略奪した。その時の記述を、『ドレイク　無敵艦隊を破った男』（ネヴィル・ウィリアムズ著、向井元子訳）（p.102～p.104）から引用しよう。

「うまい策略をもちいて、ドレイクはゴールデン・ハインド号（ドレイクの船）がそれほど船足の速い船ではないという印象をスペイン船側に与えることに成功した。帆を減らさないでそのままにして、そのかわりに錨綱やマットレスや重い壺などを船尾からたらしたのである。そして、暗くなるやいなや、彼は曳索を切断して速力を上げ、スペイン船に追いついた。スペイン船の側ではまったく危険を感じていなかったため、帆を下げて接舷してきた。スペイン船の船長の「どこから来た船か」という質問に対して、「ヌエストラ・セニョラ・デ・ラ・コンセプシオン号よ、われわれはイングランド人だ。帆を絞れ、さもないと地獄に送りこむぞ」という返答が返ってきた。「なに、イングランド人だって。おれに帆を絞れと命令するのか、そんなことはさせないぞ。帆を絞りたかったらここに来て自分で絞れ。」ドレイクの銃が火を吹いた。最初の一発でミズンマストが吹き飛び、二発目がメインマストの側の綱具装置を壊した。銃撃にまぎれて、ピンネースがカカフェゴ号に接舷し、乗り移ったイングランド人はあっというまにスペイン船を占領してしまった。ドレイクが兜と鎖帷子を脱いでいるとき、カカフェゴ号の船長のサン・ホアン・デ・アントンとその甲板長がゴールデン・ハインド号に連行されてきた。ドレイクは彼らに、「勘弁してくれ、これが戦さというものだ。」といいながら、自分の船室に案内した。掠奪品を積んでいたため、乗組員も船客も厳重に監視されながら、カカフェゴ号は追跡の目を逃れるため安全な奥まった湾に曳航された。ここで、六日かけてばく大な財宝をゴールデン・ハインド号に積み替えた。イングランド側の記録によると、それらは果物、貯蔵食糧、砂糖、おびただしい量の宝石、白銀一三箱、金八〇ポンド、未刻印の銀二六トンであった。それは重くて運べないほどの量であった。

ドレイクはサン・ホアン・デ・アントンと気楽にしゃべり、「自分はイングランド女王の命令を受けて掠奪に来ており、女王から与えられた紋章と許可証をもっている」と語った。」

これだけを読むと、ずいぶん簡単な略奪だったように感じられるかもしれない。それには、二つの理由が考えられる。

ひとつには、このヌエストラ・セニョラ・デ・ラ・コンセプシオン号は、武装していなく、また護衛船もついていなかった。スペインは、大西洋やカリブ海では、海賊が横行していたので警戒をしていたが、マゼラン隊以降、マゼラン海峡を通過したヨーロッパ船は約五十年の間、一隻もなかったのである。まさか、海賊が太平洋までやってきて、このペルーからパナマに運搬する途中の船を襲うとは、全く思っていなかったはずだ。

そして、もうひとつは、当時ドレイクは恐ろしい海賊として有名だったが、一方で、彼の独特のやり方も広く知られていた。彼は、スペイン船を襲い捕まえると軍艦以外は沈めたり燃やしたりせず、また最初の激しい戦闘のあと乗組員が降伏すると、それ以上は危害を加えず、積荷を奪うと船を返したり乗組員に食糧を残してどこかへ置き去りにしたりしていたのだ。スペイン船の乗組員たちもそれを知っていて、ドレイクに襲われると、形ばかりの抵抗をして、降伏するのだ。乗組員は商人ではないし、自分の物ではない積荷を命を張って守る気はなかった。

こうして、海賊行為をしながらの航海ではあったが、アメリカ大陸南端をまわって現ペルー沖を北上、スペイン船から奪ったその膨大な量の収穫物を積んだ船で、更に北アメリカ大陸の西海岸沿岸も北上している。ドレイクはあの複雑に入り組む地形の通過困難なマゼラン海峡を再び通って戻る気はなかったようだ。このころヨーロッパの地図製作者たちは、ヨーロッパから西に航海して北アメリカ大陸の北をまわるか又はその途中のどこか（カリブ海沿岸より北）を通ってアジアの香料諸島に達する「北西航路」があると信じていたので、ドレイクは、西側からそのルートを探検しながらイギリスへ帰ろうと思ったのかもしれない。しかし、結局、現在のサンフランシスコ沖あたりまで北上したが、海岸線は東には向かわなかったので、そのような航路はなさそうだと判断し引き返してマゼランのように太平洋を西へ向かった。北アメリカ大陸の西海岸をそこまで北上し、そこから陸地が東ではなく西の方へ続いているということを実際に行って確認したことは、当時の世界地図上、重要な発見のひとつだった。

イギリスでは英雄

その後、アジア、アフリカの南端を経由し、ドレイクは、かのマゼラン隊の次に、西まわりで世界一周を成し遂げ、三年ぶりに故国に帰還、イギリスの英雄となった。

そして、エリザベス女王から「ナイト（騎士）」の称号を与えられ、特権貴族（ナイトは一代限りで世襲制ではないが）となり、サー・フランシス・ドレイクと名乗ることを許されたのである。「海賊」なのに、である。何故か。そこには、この時代の特別な背景があった。

スペインは、トルデシリャス条約によって、中・南アメリカの金銀を独り占めし、その沿岸地域の航海と交易を独占していた。そのことをその他のヨーロッパの国々は苦々しく思っていた。初めのころの海賊はヨーロッパ近くで、金銀を持ち帰ったスペイン船を襲って略奪していたが、イギリス人、フランス人などがだんだんにその略奪行為をカリブ海まで行ってするようになっていった。

特に烈しかったのが、当時エリザベス女王一世（在位一五五八年～一六〇三年）治下だったイギリス（正確にはイングランドだが、ここでは、わかりやすくイギリスとする）だった。「海賊」といっても、当初は、金欲のある人たちが仕事の片手間で船を襲ったりしていたが、だんだんにスペイン船から略奪する金銀財宝が多くなってくると、スポンサーが付き、金持ち貴族が資金を出し合い、海賊船を派遣して、その、戦利品の利益を出資金額によって相応に分け合うシステムができてきた。そうして派遣される海賊船を「私掠船（プライヴァティアprivateer）」と呼ぶ。「掠」の字は馴染みが薄いが、「略奪」も「掠奪」も「りゃくだつ」と読み、意味はほぼ同じだ。「私掠船」といえば、王または政府の特許状を得て外国船に略奪行為を行う船のことであり、ドレイクたち海賊の略奪を「掠奪」と書いてある本が多いが、本書では行為そのものには「略奪」の字を使う。

その私掠船に投資する側としては、少しでも強い、たくさん強奪してくる海賊に資金を出したいわけだ。そうして、より多く資金を集めた海賊は大きな船と多くの乗組員を調達でき、思いっきり海賊行為ができるわけである。そして、その投資家の中に、なんと、エリザベス女王もいた。つまり、エリザベス女王が国家として勅命などを出すわけではないが、ほぼ公に国をあげて海賊を支援しているという形だった。このようにして派遣される海賊を、「コルセアcorsair」と呼ぶが、そういう意味では、フランシス・ドレイクは、優秀な海賊、いや、コルセアだった。エリザベス女王からも船や資金を出してもらい、大量の収穫物を持ち帰った。そしてその配当金の蓄積が、後に、イギリスを大国にする資金となる。

しかも、こうした海賊は、イギリス海軍の役割も果たしていた。ドレイクは、スペイン、カディス攻撃にも参加、スペイン無敵艦隊との戦いにも勝利するなど、国家に貢献した。こうしたことからも、いかにイギリス国家と海賊のつながりが強かったかがわかる。

世界一周航海後にエリザベス女王から直々に、しかし宮廷ではなく彼のゴールデン・ハインド号上で「ナイト」の称号を与えられたのは、世界一周の功績というよりも、この航海で彼がもたらした収穫による利益が莫大だったからだった。

ペルー沖で略奪したスペインのヌエストラ・セニョラ・デ・ラ・コンセプシオン号からの収穫物と、さらにアジアではその銀を使って香料やアジアの高価な産物も買って帰ったらしい。そこでは、海賊ドレイクも商売をしたのだろうか。いずれにしても、持ち帰った利益は相当のもので、エリザベス女王の歓喜も最高だった。この「海賊」いや、「コルセア」たちのおかげで、後にイギリスは大国になっていけた、ともいえるのだった。

とはいえ、スペイン側からみれば迷惑な話で、パナマ地峡に話を戻すと、こうしたドレイクのノンブレ・デ・ディオス攻撃などを経験したスペイン人たちは、カリブ海側の主要港を、ノンブレ・デ・ディオス港から、そのころ新しく建設したポルトベロ港に移し、海賊の攻撃に耐える、強固な要塞を築いた。ここは、かつて、コロンブスが寄港し、イタリア語で「美しい港（ポルト・ベリョ！）」と叫んだことからこの名前がついたあの場所だ。

ドレイクはイギリス提督のサー・フランシス・ドレイクとして、一五九五年、今度は二七隻の船と二千五百人の兵員と共に、再びノンブレ・デ・ディオスを略奪しに戻ってきた。しかし、船のうち六隻はエリザベス女王陛下のものだった。結局、彼も五十歳を超えていたし、隊員たちも軟弱だった。古いほうの港町ノンブレ・デ・ディオスでは収穫を得ることもなく、次に狙ったポルトベロで敗北と絶望のうちに病死、ドレイクの棺は湾の外側の海に沈められた。

フランシス・ドレイク

そのポルトベロの要塞跡は世界遺産に登録されていて、倉庫兼税関だった建物も残っている。この章のドレイクの肖像と後の章のヘンリー・モーガンの肖像は、この古い建物が博物館と称され、いくつかの物と一緒に無造作にそこに置かれていたものである。ここは小さな湾にある要塞だが、小型監視塔と要塞壁とずらりと並ぶ大砲は、いかにスペイン人がその時代なりにこの場所の防衛に力を注いだかがわかる。（口絵ページ参照）

その湾からカリブ海に出てすぐのところに小さな島があり、そこは、「フランシス・ドレイク島」と呼ばれている。私たちがボートでその周りを廻ったとき、横にダイビング用の船がいた。このあたりは、ダイビングが盛んらしいが、観光客はかの有名な海賊、フランシス・ドレイクがそこに眠っていることを知っているだろうか……。

註　『パナマ地峡秘史』註によると、一六二八年に発行された書物で、「乗組員の報告をもとに説教師フィリップ・ニコラスによって書かれ、サー・フランシス・ドレイク自身によってその死の直前に校閲され、彼自身の覚え書きによって各所が補強された。彼の甥であるサー・フランシス・ドレイクによる刊行。」とのこと。

当時のままのポルトベロの倉庫兼税関

第五章　ハドソンほか

『壁の北方』を越える航路探索

ところで、この『陸地の壁』の、カリブ海沿岸より北の部分はどうだったか。

その昔、北欧のバイキングはヨーロッパから西へ船を漕ぎ出し、アメリカ大陸に到達していた。彼らはスカンジナビアから出発し、アイスランドを経てカナダ東岸へと達し、一度は定住集落を建設したが、数年後には放棄してしまっていた。

一四九二年のコロンブスの西への航海直後のトルデシリャス条約により、カリブ海沿岸から南の大西洋をスペインとポルトガルに独占されてしまったその他のヨーロッパの国々は、北アメリカ東部には進出していたが、それだけで満足はしていなかった。一方では海賊を利用してスペイン船から金銀財宝を略奪しつつ、同時にもう一方では、なんとかして、スペインとポルトガルの領海を通らずに、アジアの香料諸島に行けるルートを捜そうと必死だった。南方がだめなら、北方に行くしかない。

考えられたのが、ヨーロッパから北西に向かい、アメリカ大陸のスペイン領より北を横断する水路または北端を西に進む「北西航路」と、ヨーロッパから北東に向かい、スカンジナビア半島の北をまわって北極海を東に進む「北東航路」だった。

「北西航路」の探索は、コロンブス直後から進められていた。

ジョヴァンニ・カボートとセヴァスティアン・カボート父子は、北は現カナダ東部のニューファンドランド、もしくはノヴァスコシアあたりまで到達、さらに北に向かったが、厚い氷に阻まれた上、乗組員の反乱にあい、引き返した。それはイギリス国王ヘンリー七世の後ろ盾によるものだった。

スペイン人、ポルトガル人も無関心ではなかった。あの、マゼラン隊に参加しながらマゼラン海峡通過を目前にして逃げ帰った航海士、ステファン・ゴメスは、ライバルのマゼランの名が付けられた海峡を通るよりもっと近い航路を発見したいと、北アメリカの「北西航路」発見に挑戦していた。


そのほか、イタリアのベラツアノはニューファンドランドに到達、その先へはフロビッシャー、デービスらが北へ北へと航海、など、多くの探検隊がこの入り組んだ地形の地域で、あらゆる湾、入江、川を調査した。この『陸地の壁』の北部を越えることができる水路はどこにあるのか。また、ひょっとしたら、メキシコやペルーのような金銀財宝をもつ豊かな王国が発見できるかもしれない、という野望もなかったとはいえない。

フランス人探検家、ジャック・カルティエは、この大陸の壁の西側にぬけられる水路の可能性を探りつつ、セントローレンス川をさかのぼり、現在のモントリオールまで到達した。彼も、西側の海に出られる水路はみつけられなかった。

この、現在のカナダとアメリカ合衆国の国境を流れるセントローレンス川は、大きな川で、探検家たちは、この川を使って『陸地の壁』の向こう側に出られるのではないかと考えた。その希望的観測を反映した地図もできたぐらい期待されたが、結局、そのセントローレンス川も、西の海へは通じていなかった。

普段、あまり注意深く見ることのないアメリカ大陸の北東部を、地図でよく見てみると、陸、海、湾、島、半島、海峡が、非常に複雑に入り組んでいるのがわかる（p.2 世界地図参照）。この、群島の中を船で進みながら、これは島か半島か、川か海か、ひとつひとつチェックしながら航海するのである。しかも、高緯度であるから海は凍る。冬は氷結する極寒の港で越冬しなければならない。あの距離を当てもなく進んだマゼランも偉大だが、ここを探検した探検家たちの苦労も並大抵ではなかったことが想像できる。しかも、彼らは、湾や島や川や海峡に多くの名前を残したものの、マゼランと違って、多大な苦労の甲斐もなく西側の海にたどり着くルート発見の目的を達することはできなかった。この地域はまだまだ巨大な『陸地の壁』の北東のほんの一部にすぎなかったのである。

その複雑な地形に彼らが翻弄されているころに提唱された「北東航路」は、逆に、『南北アメリカ大陸の壁』を避けて、反対回りで、つまり、スカンジナビア半島の北をまわり、現ロシアの北の沿岸に沿って北極海を東に進み、ユーラシア大陸と北アメリカ大陸の間の海峡を通って南下し、アジアへ到達しようというものだ。実は、この当時はまだ、現在のベーリング海峡まで到達したヨーロッパ人の公式記録はなく、「アニアン海峡」という、想像上の海峡があると伝えられていただけで、船が通れるという確証もなかったのであるが、セビリア在住のイギリス人貿易商人、ロバート・ソーンは、この航路をヘンリー八世に進言、利点を力説した。地球儀で地理を学んだソーンは、この「北東航路」こそが、東アジアへの最短ルートであると説明、また、高緯度に位置する地域はイギリスの主要輸出品である毛織物のよい市場になるであろうというもう一つの利点もあげ、この航路の探検と開発を進言した。

それにより、イギリス人探検家、サー・ヒュー・ウィロビーと、リチャード・チャンセラーは、「北東航路」への航海に出発した。ノルウェー東端のヴァルデまでは既に知られていたが、その東への氷の海の航海は、彼らにとって未知の世界であった。地球儀を見るとわかるように、地図上では理論的には確かに近道に見えるが、たとえそうだとしても、実際は、想像をはるかに超える過酷な航海であった。

サー・ウィロビーと彼の部下は、ラップランド北部の港で越冬時、全員、凍死した。チャンセラーは、別の船で白海まで到達したが、その先は航海不可能と探検をあきらめ、陸路南下してモスクワへ向かい、イヴァン四世に謁見、その後、ロシアとの貿易関係を築くことに成功した。

後に続いた探検隊も、ノヴァヤ・ゼムリア島南のヴァイガチ島にまで達し、さらにカラ海を通過するところまでは行ったが、その先は「果てしない氷」に進路を阻まれて引き返している。


なにしろ、帆船である。氷に閉ざされ、強風にあおられ、この冷たい海を航海するのは困難を極め、途中越冬する良港もなく、食糧も火を焚く薪も補給できないのである。非常に無謀な航海であったことは容易に想像できる。結局、ロシアとの貿易は利益をあげることができたが、目的だった「北東航路」は実現不可能ということになり、一六世紀末ごろには、探検航海は中止された。


そこでまた「北西航路」に注目が戻った。

ハドソン川、ハドソン湾などに名を残したイギリス人、ヘンリー・ハドソンは、はじめ、一六〇七年と一六〇八年の二回にわたって「北東航路」の探検に出発したが、やはり結局、氷に阻まれて戻るしかなかった。

次に、一六〇九年には今度は、オランダの東インド会社に雇われて、北アメリカ中央部から西の海に出る航路を探しに、ニューヨーク湾から、現在のハドソン川をさかのぼり探検、アルバニー近くまで遡上した。そこでは、先住民とのビーバーやカワウソの毛皮やビーズなどの交易ができ、その後ビーバーは高価で売れたため大事な商品となり、西へ西へと捕獲が進むことになる。が、ハドソン川を遡ってもやはり大陸の西側に抜けることはできなかった。

そのときハドソンがオランダの会社に雇われていたことから、この地域の権利をオランダが主張するようになり、オランダは先住民から、現在のニューヨーク、マンハッタン島を、たった二四ドル相当のガラス玉や布などと交換して格安で購入したと言われている。

ただし、先住民には土地を誰かが所有するという感覚はなかったし、ましてや売買するなどと考えていたはずはない。そのすれ違いは続いたが、オランダは領土と主張していた。そしてそこに砦を築き、「ニュー・アムステルダム」と名付けた。（この後日談は、コラム②「香料諸島その２」）

翌年、一六一〇年には、ハドソンは四度目の航海で、今度はイギリスのジェイムズ一世のもと、再び「北西航路」を探しに西に向かい、アイスランド、グリーンランドを経由して進み、陸の間の海峡を通りぬけると、大きな湾に出た。それが現ハドソン海峡と現ハドソン湾であるが、これだけの大きな湾だと、当然これは西の海につながっているものと信じ、陸に沿って進んだが、途中で冬になり、氷に閉ざされてしまったので、南下して、湾の入江のようになっている現在のジェイムズ湾で越冬した。その間に、水や食料が底をつき、それでも更に航海を続けようとするハドソンに対して、乗組員たちが激しく抵抗、反乱を起こし、とうとう、ハドソンは、息子と数人の部下と共に小舟に乗せられて、その場に置き去りにされてしまった。結局、数度にわたる探検のどれも「北東航路」「北西航路」発見の目的を達成することなく、行方不明となり非業の死をとげた。

戻った者たちが、香料諸島のある向こう側の海に出られるルートを発見した、と報告したため、トマス・バットンが派遣されるとともに、イギリスではロンドン承認の北西航路会社が設立された。しかし、結局は西側の海には通じていない、ただの湾であることが判明した。それにしても改めて地図を見てみるとこのハドソン湾は確かに大きい。大陸の西の端まで続いているに違いないと思ったのも無理もないことだっただろう。

続いて派遣されたウィリアム・バフィンは、グリーンランド西側からデービス海峡を通り更に奥の湾（後のバフィン湾）を北緯七八度近くまで北上し、そこで海峡を発見（後のランカスター海峡）、ここから「北西航路」があると確信した。しかし、あまりに北で、貿易船の航路としては無理があると思い、「北西航路」としてより、捕鯨とせいうち漁に適している場所だと報告した。

北方のルート探索はその後も続けられたが、漁や毛皮の交易などに関しては収穫があったものの、航行可能な西側の海に出られるルート発見の目的を果たすことはなかった。

このように、スペイン、ポルトガル以外のヨーロッパの国々、特にイギリス、フランス、オランダなどは、北アメリカ大陸に『陸地の壁』を破るルートを探索しつつ、しかしあまり期待が持てない状況で、一七世紀になってもスペインの船や港を襲い金銀を略奪する「カリブの海賊」たちを利用し続けていた。

第六章

カリブの海賊ヘンリー・モーガン

繁栄する『壁の中央』パナマ市を破壊

パナマ地峡では、あのイギリス人海賊、フランシス・ドレイクが最初にノンブレ・デ・ディオスを襲い、略奪してからほぼ一世紀が経った。

この頃になっても、パナマ地峡の大西洋（カリブ海）側から太平洋側への横断小道「王の道（カミノ・レアル）」と「十字架の道（カミノ・デ・クルセス）」は、相変わらず小道のままで、相変わらずラバの背に金銀財宝や荷物を積み運んでいた。ここはもともとの目的地であるアジアの香料諸島への通過点だったはずだが、ペルーの金、ポトシの銀などを発見してからは、スペインはそちらへの興味より、この財宝の防衛のため、このジャングルの小道をそれ以上整備することもなくそのままにして通りにくい状態にしていた。そのほうが敵から守りやすいからだ。

一方、ドレイクの死後、そしてエリザベス女王も亡き後、カリブ海の海賊模様は変わってきていた。「新大陸発見」からカリブ海の島々もほとんどスペイン領となっていたが、当初金が採れたエスパニョラ島などはだんだんに金がなくなり、スペイン人がいなくなり、代わりに、島に残された牛などを食糧とするために、国籍に関係なく脱船者や逃亡者が住みつくようになった。主に、イギリス人、フランス人、オランダ人などであったが、彼らの共通の敵はスペインだったから、スペイン船を略奪する目的には一致団結して海賊として暴れまわった。彼らは島では牛肉を木の枠にかけ煙の多い弱い火で燻製にして食べていた。そしてそれを食糧補給に寄った船に売ったりもした。彼らを最初フランス語で「ブカニエ boucanier（野生牛の狩猟者）」と呼んでいたが、後に英語化して「バカニア buccaneer」となり、これは、この時期のカリブ海にいた海賊の呼び名となった。英語の「バーベキュー」という言葉もここからきている。

同じ「海賊 pirate」でも、一六世紀のフランシス・ドレイクは第四章で述べたようにエリザベス女王公認で私掠をする「コルセア」で、一七世紀のこのヘンリー・モーガンは「バカニア」だった。この「バカニア」こそが、カリブ海を拠点として生活する、いわゆる「カリブの海賊」である。ところがこのモーガンも、最後にはナイトの称号を与えられる。

イギリスは、一六五五年、スペイン領だった現ジャマイカのポート・ロイヤルを攻撃、占領し、そこに総督をおいた。その場所が同時に、バカニアたちの主な根拠地になった。私もジャマイカに旅行したことがあるが、そのときは北の海岸だけで、南の首都キングストンやこのポート・ロイヤルへは行かなかった。スペイン語の国がほとんどの中南米・カリブで、公用語が英語なのはイギリス領だったからだとは知っていたが、ここが海賊（バカニア）の拠点だったとは、後で知って驚いた。

　そのジャマイカ島を拠点に、ヘンリー・モーガンは片端からスペイン植民地の主要港や町を襲っていた。現ベネズエラのマラカイボとその周辺での彼の「火船作戦」「陽動作戦」など、物語として読むとわくわくするような、だが激しい略奪、海賊行為を繰り返していた。

　そのヘンリー・モーガンのパナマ地峡攻撃の最初のターゲットは、かつてフランシス・ドレイクが攻めきれずに病死した、ポルトベロだった。一六六八年のことだった。

　ポルトベロ湾は口が狭く、奥が深い上に、両側に堅固な城塞があって海から船で近づくと攻撃されるので、モーガンは、ポルトベロから四八キロも西の川口に海賊船の錨を降ろし、ボートやカヌーに乗って海岸沿いにかなり進んでから上陸、陸側から城塞を攻めた。城塞は海からの防備は固かったが、陸側から攻められるとは予想していなかったようで、意外にもろかった。住民たちは宝石や現金を隠して逃げたが、海賊たちは、修道僧たちを捕虜にし、手製の火炎びんを投げつけたりして、激しい攻防戦の後、とうとう城砦を占領した。し

ヘンリー・モーガン

ばらく滞在してとれるだけの略奪品と食糧を満載すると、彼らは去って行った。

つぎにパナマ地峡でモーガンが狙ったのが、太平洋側のパナマ市そのものだった。

ペドラリウスが建設した太平洋側にできたヨーロッパ人の初めての町、パナマは、スペイン国王が規定した都市計画に沿って建設され、一五二一年には国王から紋章を授けられた王都パナマ市となっていた。そしてインカ帝国やポトシからの金銀のスペインへの運搬の重要な役割を果たし、南アメリカ大陸の交易の中心となる国際都市として発展していた。

パナマ市は城壁に囲まれた要塞都市で、碁盤の目のように道が造られ、石造りの政庁舎、大聖堂、中央の広場、修道院、尼僧院、病院、さらに奴隷市場、ラバの厩舎など、整然と並び、その周りに多くの木造家屋がある美しい街で、富にあふれ、「太平洋の女王」とも称されていた。約一五〇年の間繁栄を誇っていたその町が、その溢れる財宝を盗むために、カリブの海賊、ヘンリー・モーガンに狙われたのだ。

そのころ、イギリスとスペインの間で、つまりカリブ海からは遠いヨーロッパの地で、海賊行為を禁止する条約が結ばれそうだという動きがあり、実際、一六七〇年に、マドリード条約が結ばれたのであるが、ヘンリー・モーガンはすでに計画実行に入っていた。

太平洋側のパナマ市を襲うためには、ジャングルの中を、パナマ地峡を横断しなければならない。しかし、「ペルーからの金銀財宝を集積して世界で最も富裕なこの町を攻略すれば、スペイン帝国の息の根を完全に止めることになる。そうなればジャマイカ島をはじめとするイギリスやフランスの植民地の安全は確保できる」と、モーガンは仲間を説得し、他の海賊船長たちも賛成した。（『カリブの海賊ヘンリー・モーガン』石島晴夫著）これまでも水陸両方の作戦で成功してきた経験を持つ海賊モーガンにとっては、ジャングル行軍の厳しさなどなんでもなかった。

彼がパナマ市攻略への上陸地に選んだのは、そのころ新たに建設された強固な要塞、サンロレンソだった。ここは、前に述べた、川を利用するほうのパナマ地峡横断小道、「十字架の道（カミノ・デ・クルセス）」のチャグレス川の河口にあり、その周辺の海からの海賊の攻撃と侵入を防ぐ目的で造られた。町はなく、崖の上が壁に囲まれた要塞で、その下に兵士たちが居住できるようにできていた。ここも、現在でも古い大砲と監視塔が残っていて、世界遺産になっているが、ポルトベロや他の町から離れていて、海の反対側はうっそうとしたジャングルのため、ひと気がない。私たちが行ったときも、後ろで吠え猿の声だけが聞こえていた。（口絵ページ参照）

が、当時の防衛は強固だった。モーガンはまず、パナマ地峡の北、ニカラグア沖のサンタ・カタリナ島を占領してそこを基地とし、海賊仲間のキャプテンに、パナマ地峡、チャグレス川河口のサンロレンソ要塞を攻撃させた。固い守りの城壁と要塞を激しい戦闘の後に占拠した連絡を受けるとそこから上陸、いよいよスペイン人の金銀財宝の宝庫たる目指すパナマ市に向かって略奪作戦を開始した。

一六七一年一月、ヘンリー・モーガン率いる一二〇〇人の部隊が、大砲を積んだ五隻のボートと三二隻のカヌーに乗ってあのサンロレンソ要塞の脇から、ジャングルの中、チャグレス川をさかのぼり始めた。一日目は二九キロしか進めなかった。翌日は乾季のため水が少なく流木も多かったので陸路を進まなければならなかった。が、道も悪いのでその次の日は川を使った。更に、問題は食糧だった。彼らは、途中でスペイン人や先住民から食糧は奪えると思っていたが、村はあっても、人は逃げてしまっていて食べられる物は何も得られなかった。空腹に耐えられなくなった海賊たちは小屋に残されていた革袋を料理して食べた。『カリブ海の海賊（英語のタイトル直訳は「アメリカのバカニア」）』の著者、ジョン・エスケメリングは、本人がもと海賊であるから、その辺も詳しく記述している。が、それはともかく、七日目あたりに、川を上り終えて、陸路に入る。やがて高台に出て、彼らは太平洋を見る。海賊たちは勢い付き、さらに山の下で牛の群れをみつけ、久しぶりの御馳走にありついて生き返り、意気揚々とパナマ市に向かって再び行進を続けた。そして、遠征十日目、パナマ市のすぐそばまで来て、いよいよ、海賊のパナマ入りを阻止しようとするスペイン兵たちとの激しい銃撃戦が始まった。

以下、その元海賊（オランダ出身のバカニア）で、ヘンリー・モーガンと四年近くも行動を共にしたエスケメリングの前記著書から引用する。スペイン兵との戦いや襲撃の様子だけでなく、当時のパナマ市がどんなに立派な町だったかがよくわかる。『カリブ海の海賊』（ジョン・エスケメリング著、石島晴夫訳）（p.173～p.176）

（パナマ市の手前での戦闘部分から）

「戦闘は二時間も続いたが、その間に敵の騎兵隊もほぼ全滅してしまっていた。そしてもはや海賊の前進を阻止できないと判断したスペイン兵たちは、マスケット銃を捨てて潰走し始めた。しかし激しい戦闘で疲れ切った海賊たちには、逃げる敵を追うだけの余力はなかった。一方逃げ損なったスペイン兵たちは灌木の茂みの中に隠れたが、やがて海賊たちに発見されてすぐに殺されてしまった。モーガンの前に引き立てられて来た数人の聖職者は泣いて助命を嘆願したが、彼は情容赦なく部下に命じて射殺してしまった。捕虜となったスペイン士官はモーガンの厳しい追求を受けて、パナマの防衛について白状した。それによると、パナマには四〇〇名の騎兵、各一〇〇名からなる歩兵の二四中隊計二、四〇〇名、二千頭の野牛を操る六〇名のインディアンと黒人が集結していたとのことである。またパナマ市内には各所に濠が掘られ、数か所に構築された砲台には数門の大砲が配置されている。さらに市内に通じる本道には、大砲八門を擁する城砦があって二五名の守備兵が配備されているとのことだった。

この情報を得ると、モーガンはただちに前進命令を下した。前進に先立って味方の損害を点検すると、予想以上に多くの死傷者が出ていた。一方、スペイン側には多くの捕虜と負傷者以外に六〇〇名もの戦死者が出ていた。したがって味方の損害にもひるまず、海賊たちは勇気百倍してパナマ市攻略に向かった。

いよいよ海賊たちが町に近づくと、敵は大砲やマスケット銃の激しい砲火を絶え間なく浴びせかけてきたので、海賊たちの損害も増えるばかりであった。しかし彼らは敵の砲火をくぐってじりじりと前進を続け、三時間あまりの戦闘の末にとうとう町を占領した。そして抵抗するスペイ

「十字架の道」跡に残された砲台

ン人はすべて殺されてしまった。海賊の来襲に備えて、住民たちは持ち運べる財産はすべて疎開させてしまっていた。しかし町の中の数棟の倉庫の中からは、上質の絹や木綿の布地などの高価な財産がたくさん発見された。市内に入るに先立って、敵が毒薬を仕込んでいるとの噂を聞いていたモーガンは、部下にワインを飲むなと厳命していた。海賊たちの中にはこの命令は慎重すぎると不満を洩らす者もいたが、今までさんざん残酷な仕打ちを加えられていたスペイン人が海賊の毒殺をはかることは当然予想された」

「パナマを占領すると、モーガンは市の内外の数か所に見張りをおいて、警戒を厳重にした。また二五名の部下に命じて、折からの引き潮のために港内から脱出できなかった大型船を捕獲させた。その日の午後、モーガンは密かに誰かに命じて、市内の数軒の大きな建築物に放火させた。どうしてモーガンが放火させたのか、誰が放火人なのかは、いまだにわからない。ともかく火はみるみるうちに全市に広がって行った。しかしモーガンはこの放火はスペイン人によるものだと主張したので、仲間の中にも彼の意見を信ずる者がいた。海賊たちやスペイン人は延焼を食い止めるために、家屋を火薬で爆破したり倒壊させたりしたが、その甲斐もなくわずか三〇分もたたないうちに町全体が灰になってしまった。この町の家屋は杉の木造りの立派なものばかりで、美しい壁紙を貼ったり色鮮やかに塗った内部の装飾は特に見事であった。しかしこうした家屋もす

べて燃え落ちてしまった。

この町には七つの修道院とひとつの尼僧院、二つの堂々たる教会とひとつの病院とがあった。教会と修道院の内部には金や銀製の装麗な祭壇や調度品があったが、海賊の来襲に先立ってすべてどこかに隠されてしまっていた。また町内には非常に富裕な商人たちの持ち家である立派な家屋が二千軒、さらにさほど富裕ではない商人たちの家屋が五千軒もあった。この他、スペイン国王や商人の所有する馬小屋が無数にあって、ここに収容されている馬や騾馬は、太平洋岸の鉱山から金や銀を輸送するために使われていた。パナマの町の周辺には肥沃な農園や果樹園がたくさんあって、四季を通じて豊かな野菜や果物を提供していた。

この町に住むあるジェノバ人の貿易商の住居もきわめて荘麗であったが、モーガンはこの家も焼き払ってしまった。また市内には二〇〇棟もの倉庫があって莫大な量の小麦粉が貯蔵されていたが、彼はこの倉庫群も焼いてしまった。そして倉庫の中に隠れていた多くの奴隷たちは、小麦粉とともに灰になってしまった。こうして放火以来四週間にわたって燃えさかった火事は、パナ

ヘンリー・モーガンに焼き尽くされたパナマ・ヴィエホ

マの町を灰燼に帰してしまった。」

その後もパナマに滞在したモーガンは、逃走した住民たちを付近のジャングルから探し出すために毎日捜索隊を出し、多くの財産を集め、捕虜を連行してきては財宝の隠し場所を聞き出すために拷問にかけた。一度は、住民たちが持ち出した財宝を積んだと思われるスペインのガレオン船を見つけたが捕え損ない、また別の船を補獲して埋め合わせたりした。結局、一七五頭のラバの背に金銀その他の莫大な勝利品を積み、パナマから再び小道と川を使ってカリブ海側に戻った。

だがそこで、モーガンは予想外の行動をとる。戦利品を分配することにしたのだが、独断で一部の海賊に特別な賞金を与えたり、自分だけ不当に多くの宝石などをとったりした。更に、命をかけて遠征した割には少ない分け前に海賊たちが不満をつのらせているのを知り身の危険を感じたモーガンは、密かに武器や食糧を自分の船に運びこませると、部下の海賊たちを残したまま、わずか三～四隻の僚船だけを伴ってこっそりとジャマイカに向けて出帆してしまったのだ。実は、仲間だったこの本の著者、エスケメリングも、このとき置いてきぼりをくわされ、まともな船もなく苦労してやっとジャマイカに戻った組のひとりだった。

そうしてモーガンがパナマ攻略を終えてジャマイカに戻ると、大歓迎されると共に大変なことになっていた。イギリスとスペインの間で、イギリスのジャマイカ領有を許すかわりにイギリスは海賊行為を禁止しなければならない、というマドリード条約が締結されていたのにもかかわらず、そのような大規模な海賊行為を行ったモーガンは、ロンドンに召還された。どんな罰が待っているかと恐る恐る行ってみると驚いた。なんと、ヘンリー・モーガンは、チャールズ二世からナイトの称号を賜り、ジャマイカ副総督に命じられたのである。イギリスは、スペインの手前、召還というジェスチャーだけはしたものの、彼のパナマ襲撃と破壊略奪成功を讃えたのだった。それからの彼は、海賊の拠点だったジャマイカで元同僚だった海賊たちを、一応、今度は取り締まる役となった。そして一六八八年、海賊らしくなく、普通にベッドの上で死亡した。

モーガン亡き後も海賊行為はすぐにはなくならなかった。一六七九年には再びポルトベロが襲われ、一六八〇年には再び地峡を越えた海賊がパナマ湾でスペイン船を襲いその他のスペイン船から多額の金などを奪った。そのときのパナマ市は、モーガンが破壊した町の西に建設中だった新しいパナマの町であったが、守りが固く、町は攻められずにすんだ。

モーガンが破壊し焼きつくしたパナマ市は、今でも、廃墟として残っている。石造りの大聖堂の塔や壁をはじめ当時の橋や修道院、病院など、巨大な建物跡の残る地域は今は「パナマ・ヴィエホ」と呼ばれ、世界遺産に登録されている。その場所は思ったよりずっと広く、今は公園として市民たちの憩いの場でもあり、毎年八月一五日はパナマ市創設記念日となっている。私たちが訪れたのはその三日前で、係員たちがその日のために清掃をし、学校の子供たちは、工作で作った当時のパナマ市のシンボル、大聖堂の一部だった「パナマの塔」を持って歩いていた。当時のパナマの町の復元模型が歴史博物館にあり、見ることができる。ただ、私たちにとって残念だったのは、そんな日に行ってしまったため、先生に引率されて訪れている小学生たちがたくさんいて、ゆっくり見られなかったこととその塔に上れなかったことである。(口絵ページ参照)

もうひとつ、焼きつくされた当時のパナマ市を象徴するものがある。それは、エスケメリングがどこかに隠されてしまって盗めなかったと記述しているもののひとつ、教会の「金の祭壇」である。モーガンの来襲を知ったスペイン人たちは、その金の祭壇に泥を塗って、金とわからないようにしていたのだ。のちに残ったその祭壇は、その後移った新しいパナマ市（現在のパナマ旧市街、カスコ・ヴィエホ）に移され、サン・ホセ教会の中で見ることができる。モーガンの難から逃れたその金の祭壇は、炎に包まれた町を目撃しながらも、今もかつてのパナマ市の栄華を象徴するように、素晴らしい輝きを放っている。(口絵ページ参照)

このような祭壇を見ても、当時、パナマには素晴らしい技術を持つスペイン人の金細工師などがいたことがわかる。先住民が身に付けていた飾りなどの金は純度も低く、スペイン人たちは一度溶かして純度を高めて金の延べ棒にしたり細工したりしていた。

ポトシで採れた銀に関しても、南米一といわれた大きな町を作り、そこで採掘、加工していた。ときどきテレビなどで、フロリダ沖でダイバーたちがかつてのスペイン難破船を探してその金銀財宝をみつけたといっているが、それらは、先住民のアクセサリーではなく、れっきとした立派なヨーロッパ向けの調度品であるのをみてもその技術の高さはわかる。

それらは誰のものか。

コラム② 香料諸島その2「ルン島とマンハッタン島」

コラム①で述べたように、現インドネシアの香料諸島（モルッカ諸島）へヨーロッパからやってきたのは、まずはポルトガル、そして次にスペインだった。

その次には、イギリスの、例の海賊ドレイクが、マゼラン隊の約五〇年後に、やはりアメリカ大陸南端をまわってやってきた。ドレイクはモルッカ諸島のクローブの産地、テルナテ島の王と交渉し、船が浅瀬に乗り上げてしまうほど大量のスパイスを買い、本国へ持ち帰った。それらはほとんどスペイン船を襲撃して奪った金銀で買ったともいえる。

ドレイクの場合は、略奪した船のポルトガル船員などの巧みな舵操作などにより、西まわりでうまく香料諸島へ到達できたが、マゼラン海峡横断など嵐や遭難の危険も多く長い航海であった。その後のイギリス船は東まわり（アフリカ南端喜望峰まわり）でマラッカ海峡に行くようになった。そしてここでは、道中、マラッカで交易を終えてスパイスやインドの更紗、バティックの織物などの荷を積んで戻ってくるポルトガル船を襲ってそれらを奪うことも普通に行われていた。

そうして一六〇〇年にイギリスが東インド会社を設立した途端、一六〇二年には、今度はオランダがオランダ東インド会社を設立した。実はオランダは秘密裡に周到な計画を練って、インド洋と香料諸島をわが物にしようとしていた。彼らの目的は、交易というより占領だった。

今度はオランダが、香料諸島からポルトガル、スペイン、イギリスを追い出す番だった。オランダはナツメグの交易を支配するため、バンダ諸島にいくつもの砦を築き、大々的に攻撃、島民を追放したりオランダ入植者の奴隷にしたりした。ナツメグの木立はオランダの砦のまわり以外は伐採され、残された木はオランダの厳しい管理下におかれた。

そうしてオランダがバンダ諸島も支配したが、最後までイギリス人が残っていたのがルン島だった。ルン島でのイギリスとオランダの戦いは凄まじかった。オランダはルン島のナツメグの木をすべて根こそぎ抜き、自分たちが占領した他のバンダ諸島の島に移植、先住民をすべて島から追い出し、建物を壊してオランダ人を住まわせた。結局、四年以上の戦いの後、一六二〇年には、オランダがルン島のイギリス人を負かした。しかし、イギリスとオランダは他の地でもあちこちで領土争いを起こし、二度の英蘭戦争の間も、ルン島の奪い合いは続き、ナツメグの木はすべて切り倒され、島には木も草もなくなった。

ところで、第五章で、ハドソンが探検をしたことからアメリカのマンハッタン島がニューアムステルダムと呼ばれオランダ領になっていたことを述べた。まだこのころは砦以外ほとんど何もないような島だった。

ルン島とマンハッタン島。

世界の全く違う場所にあるこの二つの島。

このころ、イギリスとオランダは、この二つの島を含め世界のあちこちで領土争いの海戦を続けていた。

結局、一六六七年、第二次英蘭戦争後のブレダ条約で、オランダは執拗に攻め続けた念願のナツメグの宝の島、ルン島を手に入れ、そのかわりに、マンハッタン島をイギリスに明け渡した。イギリスはルン島を失ったかわりに、当時何もなかったマンハッタンを手にし、「ニューアムステルダム」は「ニューヨーク」と名前を変えた。

ニューヨークのその後は誰もが知っているところである。

ルン島はその後どうなったか。

ナツメグの木は特別な条件がそろう限られた場所以外では育たず、栽培が非常に難しかった。その上、オランダ人は用心深く、ナツメグの実を出荷する前に石灰水に漬け発芽できないようにもした。しかし、イギリス人も負けてはいなかった。ルン島から立ち去る前に、数百本のナツメグの若木を掘り起こし、その土ごと持ち去り、ほかの場所に移植したのだ。結局は、イギリスがシンガポールと西インド諸島で栽培に成功、今では、イギリス植民地だったカリブ海のグレナダはナツメグの主要産地となっている。クローブも、フランス人がモーリシャス、アフリカ東海岸への移植に成功した。つまり、ルン島はヨーロッパ人にとって貴重な島ではなくなった。

このように一七世紀からオランダは現在のインドネシアを植民地としていた。第二次世界大戦（太平洋戦争）時もそうだった。アメリカでは単純に、「日本が石油を奪うためにインドネシアを攻めたのが悪い」と習うようだが、実際は、既にインドネシアはずっとオランダに支配されていた。それを言ったら、元小学校教師のアメリカ人の友人は驚いていた。確かに、ＡＢＣＤ包囲網により海も封鎖され、全ての物資、特にアメリカからの石油の供給を断たれた日本にはインドネシアの石油が必要だった。が、日本が相手にしたのは、インドネシア人ではなかった。オランダ人だった。結局日本は敗戦国となったが、結果的には、インドネシアのオランダからの独立を助けた。オランダは楽園を失い、インドネシアはやっと長年のオランダ支配から解放された。

今またルン島にナツメグの木が茂っているかはわからない。少なくとも、一七世紀にあのような凄惨な争いがあったとは思えない、静かな島に戻っていることだろう。

第七章　北太平洋岸争奪戦

最後の海岸線、『壁の北西』へ

ヨーロッパ人たちは探検、入植により南北アメリカ大陸地図をどんどん更新していった。南アメリカと中央アメリカ、メキシコ地域、北アメリカ南部についてはスペイン人などにより、北アメリカ東部はイギリス人、フランス人、オランダ人などにより、ほぼ探検され尽くしていたにもかかわらず、北アメリカ大陸の内陸部と西海岸は、北極海沿岸と共に最後までとり残されていた。西海岸については、ヨーロッパ人たちは海からやってきた。

南からのスペイン

ロサンゼルスのコミュニティカレッジの「カリフォルニアの歴史」クラスで、アルタ・カリフォルニアの「発見」は一五四二年、と習った。アルタとはスペイン語で上の方という意味であるから、カリフォルニアの北部ということで、カリフォルニア半島の付け根より北、だいたい現在のアメリカ合衆国のカリフォルニア州をさす。一五四二年といえば、コロンブスの「アメリカ発見」から五〇年、半世紀も経っている。日本に初めてヨーロッパ人（ポルトガル人）がやってきて種子島に鉄砲を伝えたのとほぼ同じころだ。これを他国が「日本発見」といっているかどうかわからないが、日本の存在はマルコポーロの『東方見聞録』以来「ジパング」として知られていた。実際に日本人（「原住民」と呼ばれなかったと思うが）に会ってポルトガル人はどう思っただろうか。日本人は彼らを「南蛮人（元の意味は南から来た野蛮人）」と呼んでいたが……。

スペイン人が実際にそのアルタ・カリフォルニアに行ってみると、先住民の話や持っていた物からみて、それ以前から海流に乗っての漂流物や、南のほうから来たスペイン人など、大陸外の文化と接触した形跡はあったようだ。

あのアステカ王国を滅ぼしたコルテスもメキシコから船を派遣し、探検隊がバハ・カリフォルニア（バハはスペイン語で下の方という意味で、カリフォルニア南部、現メキシコのカリフォルニア半島あたり）を確認はしているが、カリフォルニア半島を島だと思っていた。その後の探検隊が、島と大陸の間の海を北上、付け根まで到達してこれが半島であるとわかり報告した。なぜか地図上の修正はなされず、その後長年にわたってカリフォルニアは島として描かれていたが。

一五四二年に、フアン・ロドリゲス・カブリーリョがスペイン探検隊を率いて初めて半島より北のサンディエゴに上陸する。これが、アルタ・カリフォルニアの実質的な「発見」とされている。

一五七九年には、あのフランシス・ドレイクが、ペルー沖でスペイン船を襲って財宝を略奪した後、この西海岸沿岸を北上して現サンフランシスコ辺りまで行ったとされているが、証拠となるものはなく、寄ったのがどこだったのかも正確には不明。
その後も、一六〇三年ごろまではメキシコから西海岸沿岸を北上し、探検は試みられたが、海流や風に逆らうことになるので航行が難しかったことや、嵐にあったり乗組員たちが壊血病にやられたりして探検はあまり進まなかった。どちらにしても、良港になりそうなところもなく、伝説にあったような金銀も何もなさそうなこの陸地に、スペイン人たちはあまり興味を示さず、本国スペインの力も弱まっていたこともあり、アルタ・カリフォルニア探検は中断された。

こうしてアルタ・カリフォルニアは、一五〇年以上の間、ほとんど見捨てられることになった。

その一方で、スペインのガレオン船はその沿岸を航行していた。現メキシコのアカプルコから太平洋を西に進んでフィリピンに到達する船はあったが、逆ルートでフィリピンからアメリカ大陸へ戻る航海は、海流や風に逆らうことになり、成功させることができなかった。そこで、一五六五年、アンドレス・デ・ウルダネータという航海者は、フィリピンのマニラから思い切って北上してから東に向かうことを考えた。大西洋と同じように、太平洋にもまわっている風があるのではないかと考えたらしい。実際、これなら偏西風と海流（日本海海流と北太平洋海流）をうまく利用して太平洋を西から東へ横断でき、北アメリカ大陸サンフランシスコ沖からカリフォルニア海流にのって海岸線に沿って南下してメキシコのアカプルコまで、四か月かけて、無事航海することができた。アカプルコからマニラに行くときは、赤道の少し北を北東から吹くモンスーンにのって西に進むわけだから、確かに風がまわるように反対方向に吹いていた。

ウルダネータが「発見」したこの航路を「大圏航路」と呼ぶ（p.2 世界地図参照）。スペイン船は南アメリカ大陸の金銀をフィリピンのマニラに運び、東南アジアの香料や中国からの商人との交易をし、そこで得た絹製品や陶器などを現メキシコのアカプルコに持ち帰った。こうして、スペイン人のみならずヨーロッパ人たちが夢見た、ポルトガルの領海を通らずにアメリカ大陸を越えて東アジアと交易をするルートが達成された。一八一五年に廃止されるまで、二五〇年間に、一一〇隻のガレオン船が航行し、このルートで大量のアメリカ大陸の銀が中国に流れたといわれている。

この航路ではガレオン船という三層ないし四層の甲板をもつ数百トン級の大型帆船が使われたが、このルートは非常に長く、水も食料も尽きて乗組員たちは疲労困憊、壊血病に罹っていることも多く、アメリカ大陸に到達するころには錨を上げ下げする力もなく、また貴重な積荷を海賊などに狙われる危険もあるため、カリフォルニアの沿岸を航行していながら、どこにも寄ることはなかった。

ちなみに、この大圏航路を通る船は日本の近くを航行していたわけだ。実際、台風などにより日本に漂着したこともあった。このようなときの秀吉と家康の対応が対照的で、後の日本の歴史にも影響を与える。が、ここでは話がずれすぎるので省略させていただく。

ベーリングの探検と北からのロシア

スペインが、トルデシリャス条約やバルボアの宣言により、当然南北アメリカ大陸は西海岸もすべてスペインの領有だとあぐらをかき油断して放置している間に、思わぬ外国人が北からやってきた。それはロシアだった。

ロシアのピョートル大帝は、日本から漂流して連れてこられたデンベイという大阪商人の話などを聞き、かのマルコポーロの東方見聞録で有名なジパング（日本）に興味を示し、また、かねてからイギリス、スペインなどに刺激され、東アジアと交易をしたいと思っていた。ロシアの首都モスクワは内陸にあったため、彼はスウェーデンを攻め、バルト海沿岸に領地を獲得、現在のサンクトペテルブルクを新たな首都とした。初めはそこから船を出し、他の国のようにアフリカ南端喜望峰まわりで東アジアに到達するつもりでいたが、なにしろもともと海洋国ではないので失敗。夢でもあり、またフランスからも調査の依頼があった「北東航路」の探検、そして中国、日本への航路探検を遺言に残して死去した。

「北東航路」とは、ヨーロッパから北の海（北極海）を東に航海して東アジアに至るというものだが、そのためにはロシアの続きの大陸（ユーラシア大陸）の東端を船でまわって南下できることが大前提だ。しかし当時まだそれは確認されていなかった。北アメリカ大陸の西岸を北上した探検隊もまだ現在のアラスカの方までは到達していなかったし、もしかしたら陸地がそのまま西に伸びてユーラシア大陸とつながっている可能性もあったわけだ。ただ、なぜか、ヨーロッパ人たちの世界地図には以前から、伝説のアニアン海峡というものが描かれてはいた。

記録がある中では、初めにシベリアから船で北太平洋に到達したのは、一六四八年のセンメン・デジョネフというクロテン毛皮商だった。彼の目的は、クロテン毛皮の交易に役立てるため、アナディル川河口付近を探検することだった。コルイマ川から船で北極海に出て、シベリア東端まで達し、今のデジョネフ岬をまわった。記録をたどると、ユーラシア大陸とアメリカ大陸の間の海峡を通っていると思われるのだが、この段階では海峡を確認したことにはなっていなかった。

ピョートル大帝の遺志を受け結成された探検隊の総指揮官に指名されたのは、デンマーク人でロシア海軍士官だったヴィトゥス・ベーリングだった。ユーラシア大陸の東端の町オホーツクまで陸路でシベリアを横断し、そこで船を建造し、アニアン海峡を確認してアメリカ大陸側に渡って探検するという計画だ。そのためには造船用の資材も遠路はるばる運ばなければならず、探検隊や科学者などのほかに船大工、鍛冶屋なども同行した。当然車などはない時代であるから、人は歩き、荷物は荷車や実際には主にそりに載せ、川があるところは川を利用するが、シベリアの川は南北に流れていることが多く、川から川へ、結局は陸を運ばなければならない。ベーリング隊は首都サンクトペテルブルクを一七二五年に出発、途中越冬で動けない時期も過ごしながら進み、オホーツクで造船。カムチャツカ半島東岸のニジネ・カムチャツクを出港するまでに、三年余りもかかった（p.2 世界地図参照）。

一七二八年八月にやっと出港してユーラシア大陸の東岸に沿って北上したベーリング隊は、北緯六七度一八分まで航海、これで海峡が確認できたと判断して帰路についた。しかし悪天候のため、東にあるアメリカ側の大陸を見ることはできなかった。

サンクトペテルブルクに戻ると、往復で五年もかけた大探検であったにもかかわらず、ロシア政府はこの成果に満足せず、人々からも批判された。ベーリングは再び、更に大規模な第二次探検隊を編成して、今度は北アメリカ大陸の北西に到達してそこから海峡を確認することと、更には北極海と日本への航路の調査なども目的に加えて、再びシベリアを東進する。

今度はシベリア横断に四年半もかかり、再びオホーツクで造船、出港、しかし時期が悪くカムチャツカ半島南部の小さな港で越冬することになり六月にやっとそこを出港。前回と航路を変えて、北の海峡へは向かわず、直接アメリカ大陸に向かうべく東に航路をとった。しかし、地図も海図もない上に、アリューシャン列島の島々の奥にある陸地と海峡を海から探すのは大変な苦労だった。

一七四一年七月一六日、ついにベーリング隊は海上から、頂上が雪に覆われた高峰の連なりを認めた。現在のアラスカにあるセント・エライアス山だった。

ベーリング隊はついに、アメリカ大陸を確認、つまりこの時初めて、ベーリングがアジア側から海を隔てたアメリカ大陸を「発見」したのだ。これで、ユーラシア大陸とアメリカ大陸は続いていないこと、間には海峡（のちにベーリング海峡と呼ばれる）が存在し、航行可能であることを本当に証明することができた。これは、「北西航路」「北東航路」でアジアをめざすヨーロッパの国々にとっては朗報であり、再び探検意欲が高まった。

しかし、それにしても、この二度にわたる探検は非常に苛酷なものだった。やっと任務を果たしたベーリングは、「故郷の人々はこの報に歓喜するだろうが、我々はこのあと無事帰りつけるかどうかもわからない。もう、体力も越冬する食糧もない」と述べたという。アラスカからの帰りはこれまでにない嵐に襲われ難航した。乗組員も全員壊血病に罹った。あと少しでカムチャツカ半島に戻れるというところで、やっとのことで無人島に上陸、越冬を余儀なくされ穴居生活をするが、ベーリングはこの無人島で死亡した。

このとき生きながらえて戻ったベーリング隊員がラッコの毛皮を持ち帰ったことにより、ベーリング島（ベーリングが亡くなった島はのちにこう呼ばれた）はラッコの島として有名になった。実はロシアではクロテン、キツネ、リスなどの毛皮を重要な輸出品としていたが、このころは既に枯渇傾向にあった。そこにクロテンよりずっと高価なラッコが北太平洋に広く生息することがわかったのだ。ロシアは、カムチャツカ、アリューシャン列島、そしてアラスカにまで、交易拠点となる基地を造っていき、ロシア皇帝はベーリングの探検を踏まえ、アラスカの領有を宣言した。そこで捕獲したラッコをオホーツク港から陸路イルクーツク、キャフタ、そして北京へと運ぶ、キャフタ貿易を発展させた。ラッコは、中国で非常に高値で売れたのだった。

ちなみにこのベーリング隊の別の船は、日本沖に来航している。

イギリス、ボストン商人、スペイン再び

ベーリングの「海峡発見」により、イギリスは再び「北西航路」に注目、北アメリカ大陸の東

側から西側にぬけられる水路は見つかっていなかったが、逆の西側の沿岸からみて、航行可能な川などが発見できないかと、太平洋岸北部の探検を始めた。

キャプテン・クックこと、ジェームズ・クックは、南太平洋などの探検後、第三回目の航海で、ハワイと北太平洋にやってきた。一七七八年には、現カナダのバンクーバー島（当時は島だとはわからず、大陸の一部だと思っていた）のヌートカ湾に入り、そこをイギリス領であると宣言した。だいたいこの辺がスペイン領の北端だろうと読んだらしい。また、クックは「北西航路」の西側の出口を探したが、結局見つからず、北アメリカ大陸の北側の凍りついた北極海を通る以外に航行可能な「北西航路」はない、と結論づけ、イギリスをがっかりさせた。

しかし、そこで見つけたのが、これまたラッコの毛皮だった。クック本人は帰途の途中ハワイで命を落としたが、バンクーバーや北太平洋で入手したラッコの毛皮を仲間が中国に持参したところ、広東で驚くほど高値で売れたのだ。それ以降、欧米列強はラッコの毛皮を「ソフト・ゴールド（柔らかい金）」と呼んで争うように捕獲に走った。アラスカや北太平洋の島々で採れるラッコを、中国で売るのだ。そのとき恰好の基地となるのが、北アメリカ大陸の北西海岸であり、各国は領有しようとした。アメリカ、ボストンの商人たちもこれに加わった。そのころはアメリカ大陸北部のビーバーはほとんど捕り尽くされていたところだった。

スペインも危機感を感じ、中断していた北アメリカ大陸西海岸探検に再び乗り出していた。一七六九年のサンディエゴを皮切りに、西海岸沿いに北はサンフランシスコの少し北（現在のカリフォルニア州とオレゴン州の州境あたり）までに、二十一のミッション（キリスト教伝道所）を建設、先住民をキリスト教徒にし、集落を作っていった。また、一七七五年にはスペイン船が初めて今のサンフランシスコ湾に入り、ここが非常に優れた港であることを発見、軍隊を配備した。このころ、スペインの探検隊もアラスカまで到達した。フランスからはフランス海軍のラペルーズ探検隊もやってきた。こうして、北アメリカ大陸の北西海岸がヨーロッパ人たちの領土争いの場となった。そして一七八九年、ついに各国の船が現カナダのバンクーバー島にあるヌートカ湾で鉢合わせをすることになる。

ヌートカ湾協定

スペインのマルティネス率いるフリゲート艦（軍艦）「プリンセサ号」と随行船「サンカルロス号」は、カリフォルニア地域を含めたメキシコを統括していたスペインのヌエバ・エスパーニャの副王、フロレスの命によりヌートカ湾に入った。目的は、「スペイン植民地の前哨基地として恒久的に占拠し要塞を造ること」。ロシアのラッコ交易船と対峙することになるかと思っていたが、予想に反してそこにいたのは前年から越冬してラッコを捕獲、マカオで交易をするために停泊していたアメリカ、ボストン商人の交易船「コロンビア号」と「ワシントン号」だった。スペイン人たちは要塞を完成させると、そこにいた外国人たちの前で、南アメリカ大陸南端のホーン岬から北アメリカ大陸の現アラスカのほうまで、太平洋岸のすべてはスペイン国王に属する、と改めて宣託した。

そのあと、イギリスのラッコ毛皮交易船「アルゴノート号」と「プリンセス・ロイヤル号」がヌートカ湾に到着。すると、スペインのマルティネスはこれらのイギリス船を拿捕し、フロレスの指示を仰ぐため（ヌートカ湾には乗組員全員を滞在させる余裕はなかった）現メキシコ太平洋岸のスペイン基地サンブラスに送還した。そこでひどい仕打ちをしたとかではないのだが、このときのスペインの対応が、翌年になってイギリス本国で大問題扱いされ、この「ヌートカ湾事件」はヨーロッパの他の国も巻き込んで争いになり一時は「ヌートカ湾危機」とまで言われることになった。そして一七九〇年、「ヌートカ湾協定」が締結され一応収まることになった。

結果として、イギリスはスペインに、ヌートカ湾を自由交易地として認めさせ、ラッコの毛皮の自由交易権を獲得した。これは、当時としては画期的なことだった。いわゆる大航海時代の先頭だったポルトガルとスペインに遅れをとったイギリスは、新大陸のほとんどとその周りの海を独占していたスペインを常に苦々しく思っていた。だから自らの海賊行為すらも肯定していた。

このスペインの独占の壁を打ち破ったのだ。この協定でイギリスは領土を得たわけではないが、これまで当然のごとく領有を主張してきたスペインから、北アメリカ大陸北西海岸における航海、通商の自由を獲得した。

イギリスは歓喜したが、一方のスペインにとっては屈辱的な結果となった。スペインとしては、一四九四年のトルデシリャス条約と、一五一三年のバルボアの太平洋到達時の「この海の沿岸と海は全てスペイン王の物」宣言により、南北アメリカ大陸（現ブラジル地域を除く）と海は永久にスペインのものだったはずなのに、ここにきて北アメリカ大陸北西部地域沿岸の所有の権利を取られてしまったのだ。スペインの領有の北限は、現在のアメリカ合衆国のオレゴン州あたり（現在のカナダとの国境より南）までということになった。

しかし、イギリスやボストンの商人たちは、これまでの夢、「北西航路」「北東航路」経由ではないが、南アメリカ大陸南端のホーン岬をまわって北アメリカ大陸北西岸でラッコの毛皮を入手して太平洋を横断して東アジアで交易、中国の広東やマカオでラッコの毛皮を売って得た銀（これは主にスペインが南アメリカ大陸から運んだもの）で絹や陶器、紅茶などを購入し、（結局銀は中国などに残る）インド洋、アフリカ南端喜望峰をまわってヨーロッパに戻るという、世界一周しながらの交易ルートも確立していった。

第八章　カリフォルニアのゴールドラッシュ

『壁』を越える三つのルートとパナマ地峡横断鉄道

一獲千金を夢見て　いざカリフォルニアへ！
さて、北アメリカ大陸の東海岸から西海岸へ、どうやって行く？

カリフォルニアのゴールドラッシュ

北アメリカ大陸東海岸部のほんの一部で独立したアメリカ合衆国は、西へ西へと領土を広げていった。一八〇三年にルイジアナをフランスから、一八一九年にフロリダをスペインから購入、一八四五年には、テキサス共和国を併合した。そして更に西の土地を求めて、メキシコ（一八二一年にスペインから独立）に侵攻、アメリカ・メキシコ戦争をしかけメキシコに勝利、一八四八年二月二日、グアダルーペ・イダルゴ条約により、メキシコから現アメリカ合衆国カリフォルニア州やニューメキシコ州などの地域を獲得した。こうして、アメリカ合衆国は、大西洋岸から太平洋岸までつながった広大なひとつづきの国となった。

サンフランシスコ近郊のサッター砦で金がみつかったのは、この条約の直前、一八四八年の一月二四日のことだった。

当初は発見者も秘密にしていたが、次第に噂は広がり、三月にはサンフランシスコ中に知れ渡り、八月には、「ニューヨーク・ヘラルド紙」に記事が載って全ての人の知るところとなった。多くの人々が一獲千金を狙ってサンフランシスコへと向かい、いわゆるゴールドラッシュとなった。まず一八四八年中に到着したのは、カリフォルニアの近くに住んでいた人たち、次にハワイ、メキシコ、ペルー、チリなどから船で来た人たちだった。彼らは容易に手に入れられる場所で比較的簡単に大量の金を手にすることができた。

それから、翌年、一八四九年になって更にどっと押し寄せた人々を「フォーティ・ナイナーズ（四九年の人たち）」と呼ぶが、北アメリカ大陸のニューヨークなど東部の人々はどのようにして西海岸のサンフランシスコへ行ったのか。そのルートは大きく分けて三つあった。

①北アメリカ大陸を横断する陸のルート。
②南アメリカ大陸のホーン岬をまわる海のルート。
③海と陸（パナマ地峡）を使うルート。

陸のルート、内陸部を西部へ

それまでの北アメリカ大陸の内陸部はどうなっていたか。

北アメリカ大陸の東部では入植が進み町ができていったが、西へはなかなか進まなかった。西方への原動力となったのは、北部のビーバーだった。

ハドソンらの探検により、ビーバーの毛皮というヨーロッパで高値で売れる商品をみつけたイギリス人、フランス人たちは、ビーバーを先住民から入手するため、北西部へと進んでいった。

一六〇八年には、フランスが現在のカナダ、ケベック市に毛皮交易所を設立し、ヌーヴェル・フランス（ニュー・フランス）植民地とした。ハドソン湾もビーバーの宝庫であった。イギリスは一六七〇年に、イギリス王家や新国王派の特権貴族が出資し国王から独占の特別許可を与えられた「ハドソン湾会社」を設立した。フランスとイギリスはこれらの交易拠点をめぐってハドソン湾で海戦までやるほど、ビーバーの交易利益は大きかった。一七六三年には、ヨーロッパの七年戦争と連動する戦いの結果、ヌーヴェル・フランスだったケベックを含む広い地域がイギリス領となった。このころの北アメリカ地図を見ると驚く。スペイン領、イギリス領と並んで、「ハドソン湾会社」（イギリス領ではあるが）が、堂々と広大な領地を占めているのだ。その後も様々な争いは続き、このハドソン湾会社も、その後いろいろあったが、現在でもカナダを代表する老舗デパート・チェーン、「ザ・ベイ」として存続している。

しかしビーバーは、絶滅寸前まで捕獲し尽くされることになる。

ヨーロッパ人として初めて、現メキシコ以北の内陸を川を利用しながら西海岸まで到達したのは、イギリス人でビーバー交易のため探検をしていたアレキサンダー・マッケンジーだと言われている。彼はビーバーを入手しながら太平洋に出る水路ルートを探り、そこから中国を新たな市場としたいと考えていた。一七八八年、最初の探検では現カナダのハドソン湾西方アサバスカ地方を出発し、西北へ流れる川（現マッケンジー川）を下った。ところがカヌーで約一〇〇日間かけて下ってみると、なんと、北極海に出てしまった。次に五年後、今度はピース川をさかのぼって西に向かい、ロッキー山脈を越えてからフレーザー川を下って行くと、ついに太平洋、現カナダ、バンクーバーの少し北の海岸に出た。こうしてやっと西海岸へ到達することができた。

つまり、現在のアメリカ合衆国の西海岸へは、まず海から、コロンブスの航海後約五〇年で到達、そして内陸部を横断して到達したのは、実になんと三〇〇年近くも後のことだった、ということだ。

一八〇三年にアメリカがフランスから購入したときのルイジアナは、現在のルイジアナ州よりずっと大きく、ミシシッピ川の西側のメキシコ湾から現在のカナダ国境まで広がる地域でアメリカの国土は一気に倍増した。しかしまだ当時はカリフォルニアなど南西部はスペイン領だった。ジェファソン大統領は地理的調査なども目的として、西部へ調査探検隊を派遣することにした。彼の頭の中には、スペインの領土を通らずに太平洋側へ到達し、中国との貿易通商をしたいという考えがあった。一八〇四年、メリウェザー・ルイスと、ウィリアム・クラークのふたりが率いる探検隊（通称ルイス・クラーク探検隊）が組まれ、出発することになった。東部からオハイオ川を下って西へ向かいミシシッピ川と合流、そこから少しミシシッピ川を上って今度は現カナダとの国境近くを流れるミズーリ川を西へ、ロッキー山脈まで遡る。そして山を越えて西側へ流れる川を使って最終的にコロンビア川で太平洋に到達する。このコロンビア川は、太平洋岸でラッコ交易をしていた船「コロンビア号」に海から河口を「発見」されていて、その名前がつけられていた。このように探検ルートが明確で終着地もわかってはいるし、ミズーリ川の途中まではビーバー集積地もあるので未踏の地というわけではなく、先住民の手助けもとりつけられていた。ただ、船やカヌーが通れないところは陸に上げて運んだり、大滝をまわって登らなければならなかったり、途中、越冬もしなければならないなど、予想以上に困難ではあった。

コロンビア号はその後アメリカ合衆国の船としては初めて世界一周をしたのだが、この船の船長グレイは、緻密な測量をして北アメリカ大陸の幅を計算、その途方もない大きさが明らかになった。

地図でみると、ミシシッピ川も、西部への入口といわれたセントルイスも、北アメリカ大陸の東から約三分の一のところにある。あと残り三分の二の踏破が困難だった。いわゆる「アメリカ西部」は、実際には西から全体の約三分の二という大きさなのだ。

一八二〇年代になると、その西部にも数本のトレイル（馬車のわだちでできてきた街道）ができてきた。ミシシッピ川の西側、セントルイスの近く、現ミズーリ州インデペンデンスから現ニューメキシコ州のサンタフェまでは街道、サンタフェ・トレイルがあり、サンタフェから更に西のロサンゼルスやサンディエゴへの道は、（旧）スペイン街道とよばれ、あるにはあったが、スペイン領（メキシコ独立後はメキシコ領）を通る上に、途中致命的な砂漠のある、困難な道だった。

そのころ、現カナダとの国境あたりにはビーバーの毛皮を求めて西へ西へとやってきた頑強な山の男たち（マウンテンマン）が多かった。ヨーロッパ人として初めて東部から陸路現カリフォルニア州南部に到達したジョデディアー・スミスもそのひとりだった。ロッキー山脈の少し低く越えやすいサウス・パス（南峠）を越え、現ユタ、現ネバダ、現アリゾナ州にまたがる砂漠地帯を踏破、ソルトレイクからコロラド川を渡り、灼熱のモハベ砂漠を南下した。ロサンゼルスからラスベガスへ車で行った経験がある方にはよくわかると思うが、現在もその道路沿いでも全くの砂漠状態の風景で、観光地として有名なモニュメントバレーやデスバレーなど、現在でもその当時が想像できる場所であり、あのグランドキャニオンの下を流れているのがコロラド川だ。さらに、ジョデディアは、サンベルナルディーノの山を越え、現ロサンゼルス郊外のサンゲーブルのミッションにたどり着いた。しかし当時そこはメキシコ領だったので、ジョデディアはメキシコの役人に侵入者とみなされ監禁、追放された。しかし懲りずに何度もまた戻っては監禁追放を繰り返しながら、南はサンディエゴ、東はソルトレイク、そして最後にはメキシコ領ではなかったバンクーバーのほうまでまわっている。

モニュメントバレー

その後、オレゴンやカリフォルニアの気候の良さ、広大な土地がただで手に入るなどの噂に夢を託した家族が、四〜六頭の牛にひかせた幌馬車をひき、西に向かうようになった。初期の幌馬車は鉄を巻いた車輪が硬く、乗り心地が悪いので荷物運搬用と夜の寝床とするのにはよいが、結局、人はほとんど歩いたようだ。一八四一年に西海岸に到着した幌馬車隊は途中で馬車を捨てて残りは歩いたので、一八四四年に到着したスティーブン・マーフィ家らが、幌馬車隊として初めてカリフォルニアまで到達したとされている。このころから、インデペンデンスからオレゴン州へ続くオレゴン・トレイルができ、その途中から南へ別れてカリフォルニアの入口、サッター砦まで行けるカリフォルニア・トレイルも使われるようになった。その距離は、約三二〇〇キロであった。

カリフォルニアで金が発見されてから、幌馬車や「プレーリー・スクーナー（草原の船）」とよばれる大型幌馬車などが使われたが、運が良くて一〇〇日間。あまりお金もかからず、一見一番簡単で早そうだが危険も多く、命を落とすことも多い困難なルートだった。

海のルート、ホーン岬まわり

一番お金と日数はかかるが、この三つのルートの中で一番確実だったのは、南アメリカ大陸の南、ホーン岬をまわる、一番遠回りのルートだった。距離にして一万三〇〇〇マイル（約二万八〇〇〇キロ）以上、それまでのガレオン船だと約一年かかった。しかしこのころクリッパー船とよばれる高速の帆船が開発され、日数はかなり短縮された。それでも、早くて四か月、冬にかかったりして長くかかると六か月とも九か月とも言われた。この船は、当時喜望峰経由でヨーロッパやニューヨークと中国との貿易に多く使われていた。実はこのころには更に蒸気船も開発され、大西洋横断や内陸の河川では活躍していたが、蒸気船は燃料として石炭を大量に積載する必要があることから、遠距離の航海には向かなかった。

ゴールドラッシュ以前は、この海路はマゼラン海峡もホーン岬まわりも入り組んだ地形と強風のため海の難所として知られ、太平洋に向かう捕鯨船や西海岸に移住する一部の金持ちが利用する程度で、サンフランシスコ港には一年に四隻程度しか入港していなかったという。それが一八四九年には、一年間に何百隻という船が行き来したといわれている。

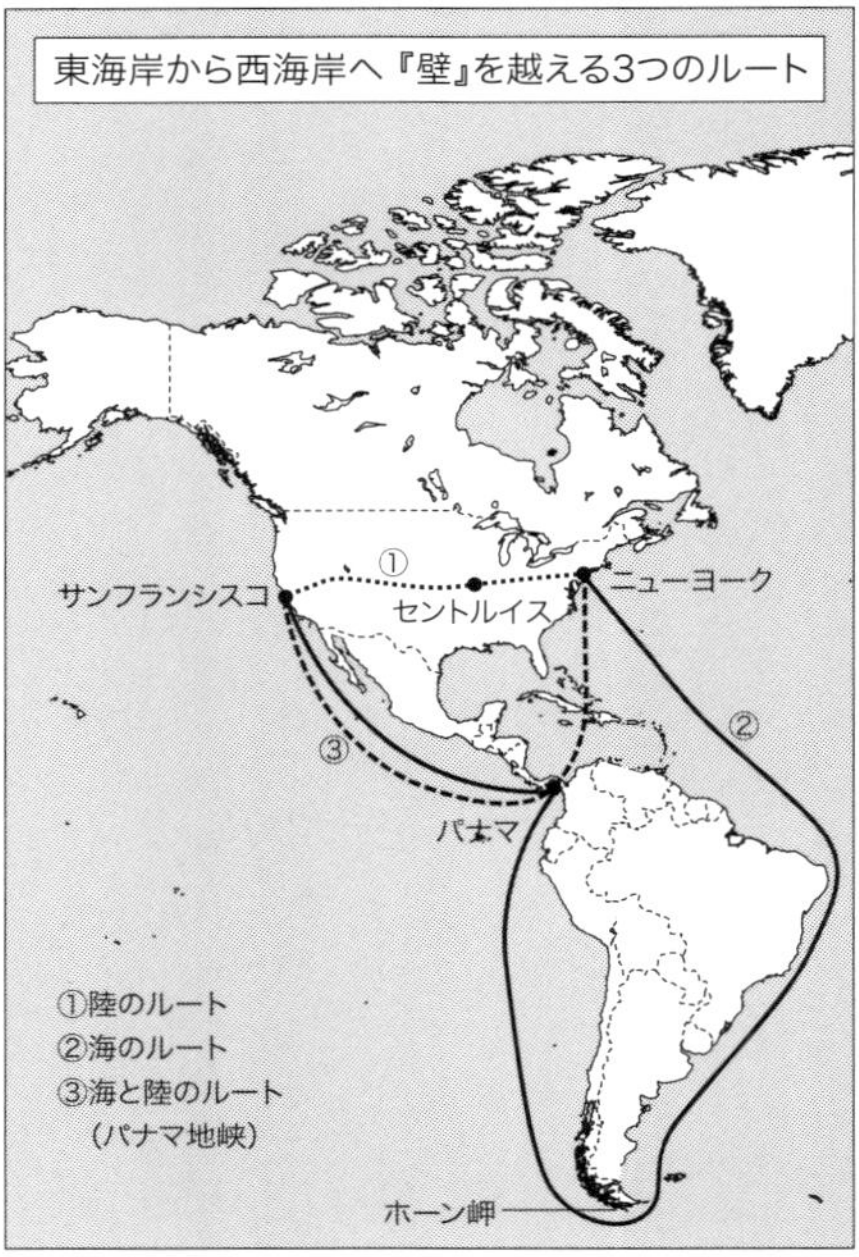

東海岸から西海岸へ『壁』を越える3つのルート

パナマ地峡を越える、海と陸併用ルート

第三のルートは、まずニューヨークから蒸気船でパナマ地峡の大西洋（カリブ海）側に着

き、そこから陸路地峡を越えて、太平洋側のパナマ市へ行って、そこから再び蒸気船でサンフランシスコに行く。このころは大西洋などでは蒸気船が普通に航行しており、アメリカ合衆国は一八四八年春には太平洋側のパナマとサンフランシスコの間も、主に郵便物を運ぶことを目的としたパシフィック・メイル（太平洋郵船会社）が運行していて、この船がゴールドラッシュに向かう人々を大量に運ぶことになった。

パナマ地峡部分は、当初はチャグレス川を遡るのにカヌー、そしてジャングルを踏破するのに自身の足とラバだけが頼りだった。

アメリカ東海岸からの人々が上陸した、パナマ地峡の大西洋（カリブ海）側、チャグレス川の河口は、ちょうど一六七一年に海賊ヘンリー・モーガンが上陸してパナマ市を襲撃しに行った、そのサンロレンソの要塞のあったところだが、当時から大きな町があったわけではなく、ましてやそれから一七〇年以上も経って、静かな寒村になっていた。そこへ、ニューヨークから船で来て我先にと陸に上がった北アメリカからの人々は、突然現れた大勢の人に驚いている住民から、先を争って、金はいくらでも出すからと値をつりあげてカヌーを借り、またはカヌーを漕がせてチャグレス川を遡った。ラス・クルセスでカヌーを降りると人々は宿を探すがとても足りず簡単なベッドに高い料金を払い、そこからはまた争ってラバを借り、乗ったり荷物を載せて歩いたりして、太平洋側のパナマまで行った。その道は昔のままであった。海賊の襲撃からパナマ市と道中を守るため、スペイン人たちはこの密林の道を歩きやすくすることは敢えてしなかった。アメリカ人たちにとっては我慢ならない苦行のような行程だった。

やっとのことで太平洋側のパナマ市に着き、あとは船に乗りさえすればいいと思いきや、サンフランシスコ行きの船に乗るのもまた一苦労だった。一獲千金を夢見てここまでやってきた大勢の人に対して、船の数は足りなく、予めチケットを買って持っていた人たちでさえ、他の人が先に乗り込んでいて乗船できなかったりした。一方、サンフランシスコ港は、船乗りたちが降りて金採りに出かけてしまって捨てられた船で満杯で船が入れない状態になった。捕鯨船の乗組員や鯨捕りまで金を採りに行ってしまったという話もあるくらいだ。こうして港も船もマヒした状態で、パナマ市には船待ちの人々が溢れ、酒場ができ、どんちゃん騒ぎと小競り合いの場になってしまった。

スペイン人たちは、最初に建設したパナマ市（現パナマ・ヴィエホ）をイギリス人、フランス人などの海賊にさんざん略奪され荒らされ、最後にヘンリー・モーガンに焼き払われたため、この新しいパナマ市（現パナマ旧市街）を建設し直したのだが、そこをまた、今度は金を求めてカリフォルニアに向かう大勢のアメリカ人などの外国人たちに占領された。

パナマ地峡横断鉄道

当時この地域を治めていたスペインのヌエバ・グラナダ政府から鉄道建設の権利を手に入れていたアメリカ人海運業者ローとアスピンウォールは、この様子を見て、これは儲かる、と、ただちに鉄道建設計画を実行に移すことにした。大西洋（カリブ海）側の起点はその時期に人々が上陸したチャグレス川河口ではなく、一五〇二年にコロンブスが寄ったリモン湾で、彼らはその町をアスピンウォールと名付けた。しかし、それはアメリカ人が呼んだ名前であり、パナマの人は、コロンブスの名前をとって、町をコロン（コロンブスのスペイン語名）、港をクリストバル港（コロンブスのファーストネーム）と名付けた。

「フォーティ・ナイナーズ」の嵐は過ぎていたが、この地峡を渡ってカリフォルニアに行こうとする人の波は続いていた。カリブ海側のコロンから工事を開始した。が、工事は難航した。何世紀も前と依然変わらぬジャングルの中である。地面は沼地で湿気も多く、蚊やぶよも多い。多くの労働者が熱病にかかり、多くの犠牲者がでた。

鉄道路線は、一年経っても、沼地に並べた木の支えにレールを置いただけの仮のものが、わずか数キロしかできていなかった。そのまま鉄道計画はとん挫するかと思われたが、カリフォルニアに急ぐ人たちが、その仮のレールで工事用の車両でいいから乗せてくれ、と要求したことから、リモン湾からチャグレス川途中地点までの一三キロを鉄道を使い、そこから更にカヌーで川を遡り、ラス・クルセスまで行くという方法がとられた。地峡を横断する人々にとって、仮の鉄道でも利用することによって、少しずつ行程が楽になっていった。

そうして鉄道工事は少しずつは進んではいったが、その間にも黄熱病とマラリアで労働者の死者の数は増えていった。大雨が降ると一晩に何メートルも水かさが増し氾濫するチャグレス川を渡す橋の工事などは特に困難を極め、コロンとパナマの間の八〇キロの鉄道が完成するのには約五年の月日がかかった。このアメリカにより建設された「パナマ地峡横断鉄道」が、南北アメリカ大陸の『壁』を越えて大西洋から太平洋へ横断する、いわば初めての「アメリカ大陸横断鉄道」となった。多くの人が利用して商品市場も拡大したと同時に、アメリカはこの鉄道の安全確保などを理由としてパナマ地峡に軍隊を派遣する口実も得た。

この後、北アメリカ大陸でもやはり、カリフォルニアのゴールドラッシュを契機に鉄道建設の気運が高まり、二つの会社が地域を分担して建設を始めた。ユニオン・パシフィック社は既に鉄道が通っていた地域の西の端、ネブラスカ州オマハから西に向かって建設を始め、セントラル・パシフィック社はカリフォルニア州のサクラメントから東に向かって建設を進めた。そして、一八六九年、ユタ州のプロモントリーで両鉄道が結ばれて、北アメリカ大陸の大陸横断鉄道が完成した。パナマ地峡の横断鉄道が完成した約十五年後だった。それからはパナマ地峡横断鉄道を利用する人は激減した。しかし、この鉄道路線があったことにより、運河建設地選択の際には他の候補地よりパナマが有利になり、実際の建設にも資材の運搬などに役に立つことになる。

コラム③ 捕鯨船とペリー

ホーン岬まわりといえば、そのころ捕鯨船が多かった。北アメリカ東部のケープ・コッド（コッド岬）地域、特にナンタケット島で盛んになった捕鯨は、主に灯り用の油や機械油として、またロウソクの原料として利用する鯨油をとるため、大西洋から太平洋に漁場を広げていた。南アメリカのチリ沖、ペルー沖、そしてオーストラリア東部、オセアニア、そして更に日本近海、アラスカへと、おびただしい数の捕鯨船がクジラを追っていた。それらの船は、南アメリカ南端のホーン岬をまわっていた。

一八二二年ごろ日本沖に多くのマッコウクジラがいるという情報が伝わり、六〇隻以上のアメリカ捕鯨船がやって来た。そしてその数は年々増えていった。しかし、ハワイを出てからでも日本沖へは遠い。日本に寄港する船もでてきた。はじめは漁村民が壊血病の乗組員に野菜や食糧を提供したりもしたし、日本人の漂流者をアメリカ船が助けたりもしていた。ジョン万次郎もそのひとりだ。

しかし、なにせ日本は鎖国中であった。

アメリカは、北太平洋や日本近海で操業しているアメリカ捕鯨船団のために、日本の港を開かせる必要があった。

そして、一八五三年に浦賀にやってきたのが、ペリーだった。その年には、アメリカの保有する捕鯨船六六一隻のうちおよそ二五〇隻が北太平洋、日本沖で操業していたという。ペリーの使命は、第一に、それらのアメリカ捕鯨船への援助と日本近海で嵐にあったときなど鯨捕りたちの保護を受けられるよう、日本政府と交渉することだった。捕鯨船のほかにも、アメリカから中国へも商船が行き来するようになっていたので、それらの船にとっても、日本のどこかに協力の得られる港が必要だった。

当時のアメリカ合衆国大統領ミラード・フィルモアは日本国皇帝宛ての親書で、「アメリカのカリフォルニアから日本までは、蒸気船ならば一八日の行程である。しかしそれに必要な量の石炭をアメリカから積み込んで行くことは難しく、日本で石炭、食糧、水を補給できるよう、日本の港を開いてほしい、そして同時に日本とアメリカとの交易を進めたい」という希望を伝えている。

このとき、ペリーはアメリカから太平洋をただまっすぐ西にやってきたようなイメージを持っていないだろうか。しかしまだそのころは、アメリカと言えば東海岸だった。カリフォルニアはまだ今みているような僻地の状態だった。ペリーはアメリカ東海岸からやってきたのだ。

かといって、ペリーはホーン岬をまわって来たわけでもなかった。

ペリーが乗った蒸気フリゲート船ミシシッピ号は、アメリカ東海岸のノーフォークを出航し、アフリカ南端喜望峰まわりで、ケープタウン、インド、マラッカ海峡などを経由して、香港、上海で他の船と合流して４隻で日本にやってきた。約半年もかかっている。こうして大型軍艦蒸気船で江戸の近くまでやって来て、日本を驚かせ、威圧することに意味があった。当時は大型蒸気船で石炭の補給地のない太平洋を越えてやって来ることはできなかった。これがもしホーン岬経由でやってきた普通の帆船だったらどうだっただろう。「黒船」ほどの威力はなく、日本側の対応も違ったかもしれない。

日本と約束したとおり、ペリーは翌年再び来航するが、一旦アメリカに戻ったわけではなくその間上海で待機していた。そして一八五四年、日米和親条約を結び日本を開国させることができた。その後、日本は一八五八年に日米修好通商条約に調印した。その批准書をアメリカと交換するため、江戸幕府は一八六〇年、アメリカに使節団を送った。さて、この幕府初の遣米使節団（後に万延元年の遣米使節団と呼ばれる）はどうやってアメリカ、ワシントンまで行ったか。

米艦ポウハタン号に乗った一行七七名は、太平洋を横断、まずサンフランシスコに着いた。（ここまでは護衛艦という名目の咸臨丸もほぼ同時に航行し、幕府の船として初めて太平洋を往復することになる。）この時はまだ北アメリカの大陸横断鉄道はできていなかったので、使節団はサンフランシスコから再びポウハタン号に乗りパナマに着き上陸。開通して五年目のパナマ鉄道を使って約三時間かけてパナマ地峡を横断、大西洋（カリブ海）側のコロン（当時アメリカ人はアスピンウォールと呼んでいた。）

まで行き、そこから再び海路、今度は米艦ロアノーク号に乗ってアメリカ東海岸に着き、ワシントンへと向かった。蒸気船で長い航海をした彼らは、パナマでは初めて見る蒸気機関車（汽車）に乗り、その凄まじい轟音と周りの景色の飛ぶ速さに目をまわした。しかし逆にパナマの人にとっては、ちょんまげに裃姿という異様な姿の日本人にさぞかし驚いたことだろう。その後、日本の明治維新は一八六八年、日本初の鉄道、新橋─横浜間が開通するのは一八七二年だった。

ちなみにペリーは日本に来た時に小笠原を領有しようとした。捕鯨船の避難所として、またアメリカから上海への蒸気船を航行させるときの中継地として、便利な場所だった。しかしイギリスが既に領有を主張していて、英語の名前もついていた。もともと小笠原諸島は発見されて日本の名前がついてはいたのだが、ペリーが寄港する少し前まで無人島だったのだ。だんだんに欧米の捕鯨船が多く寄港するようになり、初めて入植したのは、アメリカ人五人とハワイ人二五人だった。ペリーは父島のポートロイド（二見湾）に寄港し、彼らから石炭補給所用の土地を購入した。これらの米英の動きを幕府が詳しく知ったのは、遣米使節がアメリカで得た情報と、彼らが持ち帰ったペリーの『日本遠征記』によってだった。幕府は慌てて駐日公使や島民らに小笠原が日本の領土であることを告知し開拓をするなど対策を講じた。その後、日本は正式に小笠原諸島が日本領であると認めさせることができた。

第九章

パナマ運河建設

『南北アメリカ大陸の壁』を破る水路

パナマ地峡横断鉄道（以下「パナマ鉄道」と記す）が完成し、大西洋から太平洋への人の移動は便利になった。だが、船は相変わらず南アメリカ大陸南端のホーン岬をまわらなければ太平洋に出られなかった。この『陸地の壁』のどこかに水路を造れたら……という構想は一六世紀初めのコルテスのころからあった。しかしこの地域は主に熱帯雨林地帯であるから、調査だけでも容易ではなかった。

運河構想

スペインが熱帯特有の熱病などで多くの犠牲者を出しながら探検調査した結果、一八世紀後半には次の4つのルートが候補に挙がっていた。

北から、

①現メキシコのテワンテペック・ルート
②現ニカラグアのサンファン川、ニカラグア湖ルート
③現パナマのコロン・ルート（だいたい現在のパナマ運河の位置）

④現パナマのダリエン・ルート（③より東のコロンビア寄り）

他のヨーロッパ諸国も黙って見ているわけはない。カリブ海は国際的にも大事な場所であり、各国は早くから運河建設のためにこの地域を獲得しようと必死だった。

イギリス政府は、ネルソン提督をニカラグアに派遣、探検させ、ニカラグア・ルートの運河建設のためニカラグア湖獲得をめざしたが、ネルソンの病気で失敗に終わった。

一九世紀に入ると、現在のグアテマラ、ニカラグアなど中央アメリカに結成された中央アメリカ連邦（パナマは含まず）は、スペインのフェルディナンド七世が計画したニカラグア・ルートの運河建設法を成立させた。

その後オランダが中央アメリカ連邦からニカラグア・ルートの運河建設の権利を得て、ニカラグア運河会社を設立したが、国内情勢不安で中断。

アメリカは一八四六年からメキシコに侵攻、カリフォルニア、ニューメキシコなどを獲得したとき、更にメキシコ全土を併合してテワンテペックに運河建設をもくろんだが失敗。

イギリスは海賊行為によってスペインから事実上奪っていたベリセなどをメキシコ独立後も強

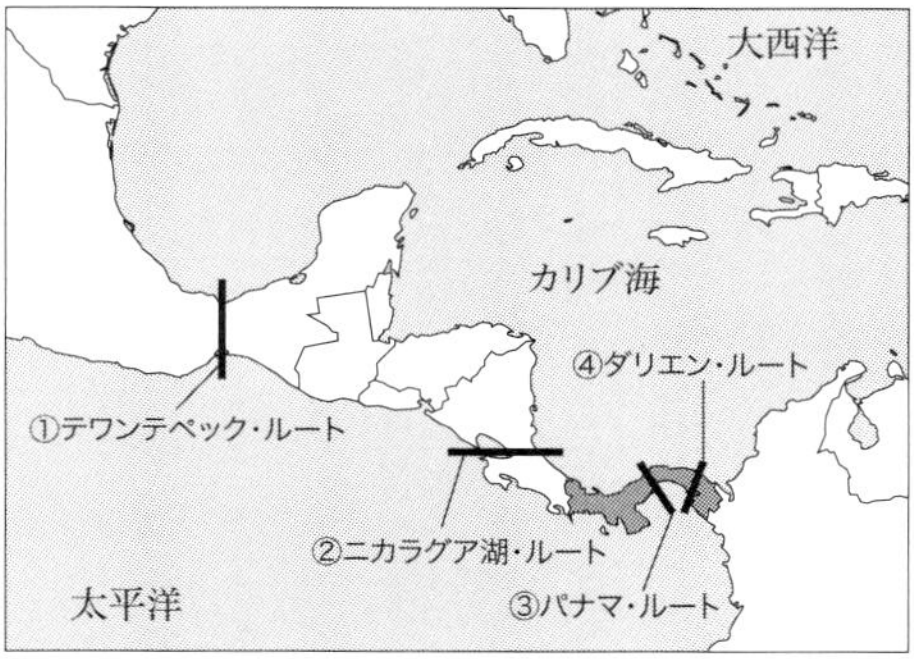

引に確保、さらに勢力範囲を拡大していた。

……などなどせめぎ合いが起こっていた。

特に激しかったイギリスとアメリカは、一八五〇年、イギリスの外交官ヘンリー・ブルワーと、アメリカの国務長官クレイトンとの間で、クレイトン‐ブルワー条約を締結した。これは、ニカラグアに運河が建設されるという前提があるかのような形で、両国のいずれもが排他的管理をしないこと、その運河を共同で防衛し、永久に中立化することなどを決めた。両国がお互いに大きく譲歩し牽制しあった条約であった。と言っても、実際にはその現場はイギリス、アメリカ、どちらの領土でもなく、どちらも何の権利も持っていないのである。他の国に建設されるであろうまだ何も姿かたちのない運河とその周辺地域について、イギリスとアメリカの二国が勝手に決めたのだった。まるで、そのずっと昔に、スペインとポルトガルが二国で勝手に世界の海を分けた、あのトルデシリャス条約を思わせるような条約だった。

しかし、こちらの場合は、イギリスとアメリカが駆け引きをしている間に、もう一つの国が着々と駒を進めていた。

それはフランスだった。コスタリカやメキシコで利権の獲得などをしていたが、そこに現れたのが、一八六九年に一〇年の年月をかけてスエズ運河を完成させたフランス人、レセップスだった。彼は再び、今度はこれまで全く関心もなかったアメリカ大陸のパナマ地峡での運河建設に乗り出した。

一八七九年五月一五日、パリで「両洋間運河研究国際会議」が開催された。最重要課題であった運河の建設場所については、アメリカ人が推したニカラグアではなく、レセップス主導でパナマのコロン・ルートと決まった。パナマの場合、海抜約一〇〇メートルの山を越えなければならないのだが、山を海のレベルまで掘り下げて海面式（水平式）にするか、山の形に階段状に掘り、水門で水を溜めて船を上げ下げする閘門式（水門式）にするか、が次の課題だった。海面式の場合は山を崩すため膨大な量の土を掘削しなければならず、工期も費用もかなりかかるとの意見も多かったが、レセップスは、スエズ運河のときと同じ海面式しか考えていなかった。砂漠の真ん中を掘るのと熱帯雨林の山越えとの違いなど、考えていなかった。こうして、レセップスの指揮の下、フランスがパナマに海面式運河を建設することになった。

ここで、現在のパナマ運河について知っている方は、「おや？」と思われるだろう。パナマ運河は閘門式である。しかも、パナマ運河はアメリカが建設して管理し、比較的最近アメリカからパナマに返還されたのではなかったか。

そうなのだ。でも、最初は違った。フランス人のレセップスが、海面式の運河の建設を始めた。それから一九一四年にパナマ運河が完成するまで、なんと約三四年。なぜ工事はそんなにかかったのか、どういう経過をたどって最初と変わっていったのか、それを見ていこう。

フランス人レセップスのパナマ運河工事

レセップスは早速スエズ運河のときと同様にパナマ運河会社を設立。資金集めを始めたが、今回は株も売れず、はじめから順調とはいえなかった。彼はフランス人たちの関心を得るためになんらかのアピールが必要と感じ、このとき初めて、自らパナマに足を運び、パナマ運河の起工式をすることにした。レセップスとその家族が船でパナマ地峡のカリブ海側の町、コロンに着くと大歓迎を受けた。パナマ鉄道で太平洋側のパナマまで移動し、一八八〇年の元旦には、パナマ運河起工の鍬入れ式を執り行った。ここまではまだよかった。

しかし、ここからが苦難の始まりであった。レセップスの帰国後まず始まった工事は、ジャングルを切り開いて道筋を作ることだった。そしてそこに掘削工事の拠点を建設するのに必要な物資を運ぶためパナマ鉄道をアメリカ人から高い金を払って買い取らなければならなかった。それから雨季に入ると人々は次々とマラリアと黄熱病に罹って倒れていった。当時はまだ蚊が伝染の媒介者であることはわかっておらず、感染の広がりを止めることはできなかった。有能な現場責任者だったブランシュも病死、そこへ、地震はないといわれていたパナマを地震が襲った。その次にやってきた責任者ダングレーはやり手で、掘削も進んだ。この運河工事の中の最大の難関であるクレブラという一番高い山々を掘削して切り開く、クレブラカット（クレブラの切通し）とよばれる部分の工事も始まった。ダイナマイトと多くの黒人たちなどの手作業とで土が掘られていった。しかしこの辺りには幾種類もの岩石層、断層、火山岩塊が入り混じっており、地滑りが多く発生した。もうひとつの問題はチャグレス川の氾濫だった。大雨が降るとチャグレス川の水位は一気に上昇した。このような苛酷な自然環境が災いし、工事は難航した。ダングレー自身も、娘、息子と娘の婚約者を続けて黄熱病で失いながらも工事に全力を尽くしたが、ついに妻まで失って、心身共に傷ついてパナマを去った。このころ黄熱病が特に猛威をふるい、実際、実に多くのフランス人と労働者がここで命を落とした。

一方、パリにいたレセップスは資金が集まらず、ついにはスエズ運河のときに成功した、宝くじ付社債を売り出そうとしたが、その前に、工事の進捗状況の視察のための調査団と共に再びパナマを訪れることにした。このとき彼はすでに八〇歳であった。今回も盛大な歓迎を受けはしたが、あれから六年以上も経っているのに工事はまだ予定の四分の一も達成していなかった。調査団の出した結論は、このまま工事を続けても海面式運河の完成は不可能、というものだった。資金は底をつき、パナマでは疫病による死者が増えるばかりで、工事は進行しなかった。

とうとう、レセップスはかたくなに主張してきた海面式運河の構想を諦め、閘門式に変更することに同意した。そしてその閘門（水門）を、あのパリのエッフェル塔で有名なエッフェルに製作依頼することにした。大物だけに請求額が桁違いの高額であったろうが、エッフェルの名前を出すことでより資金が集まると考えていた。レセップスは宝くじ付債権を発行することにした。しかし、結局失敗。

こうして、一八八九年、パナマ運河会社の破産が正式に宣告され、レセップスのパナマ運河は失敗に終わった。

その後レセップスはこの運河の債権などの贈賄事件で逮捕され、裁判にまでかけられることになる。このスキャンダルについては、大佛次郎の著書『パナマ事件』に詳しいが、この事件の裏にアメリカとドイツの影を見る見方もある。こうしてレセップスは、とうとうパナマ運河の完成を見ずにこの世を去った。

パナマの旧市街には今もレセップスの胸像がある。旧市街は一時すたれていたが、今また、当時の面影を残したままで新しく再建中。あちらもこちらも工事の幕が張られていた。それらの古い建物は、スペイン植民地時代の教会から、レセップスの時代のフランス式建築、そしてコロンビア風建築、と、それぞれの時代を映す歴史遺産でもあり、かつ洒落た町に生まれ変わってきている。

ところで、レセップスが、資金不足の危機感とまわりからの閘門式へ変更の進言にもかかわらず一貫して海面式にこだわり続ける中、ついに七年目に閘門式を認めた影には、ひとりのレセップス信奉者、フィリップ・ビュノオ＝ヴァリラという人物がいた。

彼はフランス人で、エコール・ポリテクニックの学生時代からレセップスのパナマ運河事業に魅せられ、実際にレセップスのパナマ運河会社に入り、パナマで工事に携わり、主任技師にもなったが、その職を辞して、それまで自分が監督していた難関クレブラカットの掘削工事を受け持つ下請会社を創った。そこでの経験から、彼はレセップスが二度目にパナマを訪れた際に、あとで海面式に変更できるいい工法があるから、とりあえず閘門式運河を完成させよう、と説得したのだった。彼はどうしてもパナマ運河を完成させたかった。にもかかわらず、結局レセップスのパナマ運河会社は破産、工事は中止になり、彼はがっかりした。が、諦めなかった。この人物、ビュノオ＝ヴァリラはこのあと大きな役割を果たすことになるので、名前を覚えておいてほしい。

アメリカの迷走とパナマ

アメリカはその頃どうしていたか。

アメリカ政府は、表向きはパナマ運河建設にもニカラグア運河建設にもどちらにも加担しない姿勢を維持してはいた。しかし、実際には、民間レベルでニカラグア運河の設計と準備が進められていた。

一八五〇年のイギリスとのクレイトン‐バルワー条約を結ぶ以前から、アメリカ人技師などはニカラグアの探検、調査を進めていて、パリの国際会議でもアメリカは強くニカラグア案を提唱していた。ちょうどレセップスのパナマ運河会社が破産した年にはアメリカ人のニカラグア運河会社が設立され、実際に工事を始めた。初めは順調だった。ニカラグアのサンファン川は、パナマのチャグレス川のように氾濫することはなかった。また、ニカラグア・ルート地帯は比較的平坦な土地だったので、パナマのクレブラカットのように苦労して切り開かなければならない高い山々もなく、地滑りもなかった。黄熱病もマラリアも、パナマよりずっと少なかった。鉄道の敷設も進んだ。しかし、それにもかかわらず、たった一年でこの工事は挫折した。やはり民間レベルでは資金が不足し、アメリカ政府に援助を求めたが実らず、結局、アメリカのこのニカラグア運河建設計画も失敗に終わった。

その頃キューバでは、スペインからの独立の動きが活発になりゲリラ戦が続いていた。当時のキューバ経済はアメリカが押さえていて、キューバには多くのアメリカ人がいたので、一八九八年一月に、アメリカはハバナ湾にアメリカ海軍の戦艦メイン号を派遣した。ところが、そのメイン号が大爆発を起こして沈没したのだ。原因はわからなかった。その後の調査では、燃料の石炭の偶然の爆発によるものとされている。が、当時、アメリカ国内では「イエロー・ジャーナリズム」と呼ばれた二大新聞社が苛烈な発行部数競争を繰り広げており、ある事ない事、誇大で無責任な記事や写真を載せ、センセーショナルに世論を煽ったりしていた。まさにこのときもそうだった。「リメンバー・メイン」をスローガンに掲げ、対スペイン戦争を煽った。

マッキンレー大統領は世論を抑えきれずにスペインに宣戦布告したが、その前に、太平洋艦隊の主力艦、オレゴン号に、急きょキューバに向かうよう指示した。そのときアメリカ西海岸、サンフランシスコの海軍基地にいたオレゴン号は、三月十九日、カリブ海へ向かうため出航、例のジャーナリズムはこのオレゴン号を追った。陸上から、また行き交う商船や漁船からの目撃情報が新聞をにぎわし、人々は戦場に向かう軍艦の勇姿を息を呑んで見守った。オレゴン号は、南アメリカ大陸の西岸に沿ってチリ沖を南下、南端のホーン岬をまわって南アメリカ大陸東岸を北上、六七日後にやっとフロリダ州パームビーチ沖に着いた。はるばる一万二〇〇〇マイル(約一万九三〇〇キロ)の大航海は、緊急指令を受けた軍艦でも二か月余りかかった。

そして、オレゴン号が着いたときには、戦争に消極的だったスペインとの戦いはほとんど終わっていたのだ。やはり、南北アメリカ大陸の『壁』は大きかった。これでまた、アメリカの世論は騒いだ。「中央アメリカのどこかに、早急に運河を作るべきだ!」

こうして、未だにニカラグアにするかパナマにするかの意見が一致していなかったアメリカでは、再度、本格的調査が命じられた。

パナマでは、レセップスのパナマ運河会社破産のあと、清算のためにフランスが設立した仮の「新パナマ運河会社」が細々と、と言っても特にクレブラカットを重点的に、千人から四千人の労働者を雇って地道に土を掘り続けていた。しかしその資金も残り少なくなり、アメリカ大統領マッキンレーにこの会社を買い取って運河工事を引き継いでくれないかと打診したのだが、このときアメリカはスペインとの戦争中でもあり、回答はなかった。が、その米西戦争が終わると、アメリカは再び関心を示した。ただし、まだアメリカ議会ではニカラグア案を推す勢力のほうが強かった。

そこへ、突然、ニカラグアから約二四〇〇キロメートル離れたカリブ海のマルティニック島のプレー火山が大噴火、島の首都が火砕流で全て埋まってしまったというニュースが飛び込んできた。パナマ運河推進派は、にわかに活気づき、ちょうどニカラグアのモモトンボ火山の以前の噴火を図案にした切手があったのでそれをふりかざし、ニカラグアには八つも活火山があることを強調、パナマ案の逆転に成功した。

また、これまでアメリカの運河建設を妨げていたクレイトン - バルワー条約も再交渉され、イギリスがアメリカの建設着工を認める条約に調印した。これで、アメリカはかなり自由に建設と管理を行えるようになった。と言っても、これも、前と同様、アメリカとイギリスだけが勝手に決めた条約であって、肝心の当事国もその他の国も全く無視したものだった。

ところで、ここまで、パナマかニカラグアか、と言ってきたが、この時期、まだ「パナマ」という国は存在していなかった。少し遡るが、スペインの植民地は、四つの総督領に分けられていた。北から、ヌエバ・エスパーニャ（今のメキシコ、アメリカ西部を含む地域）、ヌエバ・グラナダ（今のグアテマラなど中米とコロンビア、ベネズエラを含む地域）、ペルー（今のペルー、チリを含む地域）、ラプラタ（今のアルゼンチンを含む南部の地域）で、パナマ地峡はヌエバ・グラナダの一部だった。その後スペインからの独立運動が盛んになり、大コロンビア共和国ができ、パナマはその一部となった。一八三〇年には、そこからベネズエラとエクアドルが離れて独立、パナマも独立する動きはあったが結局残って、コロンビアの一州となっていた。

つまり、こうしてこのパナマ運河の章で書いてきたパナマとは、コロンビアの一部であり、この先しばらくは、コロンビア政府というのはこのパナマ州を管轄しているということを頭に置いて読んでいただきたい。

さて、やっとパナマ運河に本腰を入れ始めたアメリカが次にしたことは、その、パナマ州を管轄するコロンビア政府と交渉をすることだった。ここでやっと、当事者が表に出てくる。

ちょうどこのころ就任したアメリカのセオドア・ルーズベルト大統領は、パナマ地峡の運河建設にかなり積極的だった。

アメリカは、フランスの新パナマ運河会社を、建設途中のパナマ運河を含め、全体として買い取ることにより、コロンビア政府から与えられていた権利も引き継ぐことになるのだが、この権利には制約があったので、この点についてコロンビア政府と交渉をしなければならなかった。このときアメリカは、権利譲渡とその金額などの件のほかに、一気に大きな要求もつきつけた。それは、

「アメリカ政府が、運河予定地に幅一〇キロの帯状の運河地帯を保持し、コロンビア政府に一切干渉されない形で管理し、この権利は半永久的に（一〇〇年間）継続すること」というものだった。アメリカのヘイ国務長官と、コロンビアの駐ワシントン臨時代理公使エランとのあいだで調印はされたが、コロンビア政府はさすがに批准をしぶった。アメリカは裏に表に脅迫とも思える手段をとった。コロンビア政府がこれを認めなければ、「コロンビアが遺憾に思うようなある種の措置を取るかもしれない」とも伝えてきた。これは、パナマを放棄してニカラグア運河に切り替えるということなのか、または全く別の意味なのか、明らかにされなかった。コロンビア側は答えを出せずにいた。

そこに飛び込んできたのが、「もしコロンビア政府がこれを認めなければ、パナマはコロンビアから分離独立し、アメリカと手を組んでパナマ運河建設を始めるであろう」というアメリカの新聞記事だった。レセップス後の新パナマ運河会社の委嘱を受けてパナマ運河建設を進めたいアメリカ人弁護士、クロムウェルが仕掛けたのではないかとも言われている。彼は影でいろいろな動きをしていたようだ。

ここまでのアメリカの圧力にも、コロンビア政府が出した結論は、「ノー」だった。コロンビア政府にはコロンビア政府の思惑と読みがあり、アメリカの要求を拒否した。

パナマでのコロンビアからの独立計画はあったが、中心人物は、パナマ鉄道の顧問弁護士、アウグスティン・アランゴと、パナマ鉄道の嘱託医も兼任していた七〇歳の医師、マヌエル・アマドール・ゲレロなど、いずれもパナマ鉄道関係者であり、先のクロムウェルとも旧知の間柄だった。政治や外交のことに関しては、ずぶの素人ながら、彼らは独立活動を始めた。

まずアマドールが密かにアメリカ、ニューヨークへ行き、アメリカ政府に支持をとりつけることにした。しかしその情報はコロンビアに伝わってしまい、頼りにしていたクロムウェルはアマドールに会うことを避けた。唯一のつてを失い、ニューヨークでただひとり、失意茫然としていたアマドールの前に、なぜかタイミングよく現れたのが、フランスから駆け付けた、あのフランス人、ビュノオ＝ヴァリラだった。二人はかつてパナマで知り合っていた。

このころはまだ通信手段が電報、電信、手紙の時代だった。電話はアメリカ国内はあったようだがパナマとの間では使えなかった。そしてパナマ、アメリカ、ヨーロッパ間の交通手段は、船である。パナマ―ニューヨーク間の便は毎日ではなく、航行に八日間ぐらいかかった。パナマ―コロンビア間も、陸つづきではあるが国境付近はジャングルで通行不能のため、船である。この時間差で、現代の私たちには考えられないことが起こっていく。

さて、他につてもなく、ニューヨークでひとり途方に暮れていたアマドールは、パナマの独立を助けると言ってくれたビュノオ＝ヴァリラに何もかも任せるしかなかった。ビュノオはうまくルーズベルト大統領にも会い、ヘイ国務長官にも会うことができた。アメリカ側は、パナマ独立援助のための軍艦派遣を確認したいビュノオを相手に、はっきりとは支持も何も表明しないのだが、ビュノオはそれを確信した。

ビュノオは、パナマが独立を宣言したら四十八時間以内にアメリカは軍艦をコロンに派遣すると断言し、アマドールに、パナマに帰ってすぐ行動を起こすように命じた。そしてビュノオはそのあと、一夜のうちにパナマ独立の宣言文を書き上げ、たがいの通信に使う暗号もアマドールに伝えた。そして更に、「約束した支援の一〇万ドルは確かに送るが、その代わり独立を宣言したら、私をパナマ共和国の初代の駐米公使に任命しなければならない」と条件を付けた。なんということだ！　なぜフランス人のビュノオを？　アマドールは驚いて抵抗したが、結局押し切られてしまった。

アマドールがパナマの大西洋側、コロンに戻ったのが一九〇三年十月二十七日。彼の報告を聞いた同志たちはみな落胆した。アマドールはアメリカ政府の誰にも会ってこなかったし、唯一会ったビュノオの話など当てにならない。

そこへ、コロンビア政府がパナマの独立を阻止するために銃撃隊を送りだしたという連絡が入った。アマドールは打ち合わせ通り、ビュノオにアメリカ軍艦の派遣要請の電報を送った。受け取ったビュノオはワシントンの国務省へ行き、そのことを報告、アメリカ側ははっきりとは答えなかったが、ビュノオは了解を確信。アマドールたち独立運動の同志たちは独立の準備にかかった。といっても、コロンビア相手に武器をとって戦うことは毛頭考えていなかったので、ビュノオの作った「独立宣言」に手を加えて書き直し、アマドールは家族で考案して新しい国旗を作り、妻が縫った。この国旗はパナマ共和国の象徴として、パナマ国民にとって非常に大事なものとなる。

十一月二日、コロンにアメリカの軍艦、ナッシュビル号が来た。ビュノオの推測どおりだった。しかし何の説明も指令も受けていなかった。続いて夜中には、五〇〇人の兵を載せたコロンビアの輸送船（カルタヘナ号）も到着した。しかし、アメリカ軍艦は何もしなかった（後にアメリカからの指令が届いたのはコロンビア軍が上陸した後だった）。

翌十一月三日、コロンの港にコロンビア軍は上陸を開始し、パナマ鉄道を使って太平洋側のパナマ市に大挙して移動する準備が始まった。アマドールたちはアメリカが裏切ったと絶望した。

しかし、パナマ鉄道会社にも、影なる独立の協力者たちはいた。コロンビアから派遣されている州知事も、守備隊長も、パナマに協力的であった。アマドールの若い妻の発案で、コロンビア軍の指揮官、トバール将軍と数人の幹部だけをまず歓迎するためと偽って特別列車に載せてパナマに先発させた。パナマに着くと、彼らは静かにそのまま捕えられてしまった。これで、無血蜂起成功となった。コロンに残されていたコロンビア兵たちも帰され、五日にはコロンの政庁の前で正式の独立宣言が読み上げられた。アメリカ合衆国政府はその翌日、六日には正式にこの「パナマ共和国」を承認した。

ニューヨークでパナマ共和国独立を知ったビュノオは、早速次の行動に移った。何しろはじめから彼の目的はパナマ運河をアメリカに完成させてもらうことだった。そのためにアマドールには独立に協力するかわりに自分をパナマ共和国の初代駐米公使に任命することを約束させていたのである。ビュノオは、パナマからアマドールたちが運河条約交渉のために十一月十日にコロンを出発してワシントンにやって来るという新聞記事を見て、その前にさっさとヘイ国務長官とルーズベルト大統領に謁見、信任状を奉呈、パナマ政府の代表として条約を結ぶ資格を得た。

十五日にはヘイ国務長官から、前回ヘイとエランが調印したが批准されなかった条約文を手直ししたものが届いた。ビュノオはそれを更に手直し、というより、できるだけアメリカに有利にして、アメリカ議会がすぐに承認するように徹夜で書き直し、翌日は一日かけて友人の法律家とタイピストと、ホテルで新条約草案を書き上げた。

前回は、運河地帯のアメリカの借用期間は「一〇〇年間」であったのが、ビュノオによって、「あたかもそれがアメリカ主権下にあるがごとくに」「永久に」アメリカが使用できる、と、変えられていた。

また、その運河地帯の幅は、運河の左右両岸各「五キロメートル」であったのが、ビュノオがその単位を変え、「五マイル」と書き直しただけで、つまり一・六倍の八キロメートルになった。

十一月十八日、この条文をヘイ国務長官がほぼ全面的に承認し、ビュノオと二人だけで立会人もなく署名をしている頃、アマドールたち一行はまだ何も知らず、ニューヨークからワシントンに向かっていた。

ヘイ-ビュノオ=ヴァリラ条約の署名が自分たち抜きで終了したことを知ったアマドールたちは、驚き、怒りに震えた。しかし、打つ手はなく、あとはこの条約文をパナマ政府が批准しないことだけを祈り、条約文を小型の金庫に収め封をして二十四日に出航する船に載せてパナマに送った。しかし、そこでも、ビュノオは先回りした。高い金を払って条約の全文をパナマの臨時政府に打電し、これを批准しないとアメリカはパナマの独立を保障しない恐れがあると脅した。

パナマ政府は、条約文が届いたときにはすぐに批准せざるを得なかった。

もちろん、アメリカにとってはあり得ないほど有利な条約だ。議会でも反対派を抑えて圧倒的多数で承認された。こうして、一九〇四年、アメリカが、ニカラグアではなく、パナマで、フランスのレセップスが途中まで掘り進めながら失敗に終わったパナマ運河建設を引き継ぐことに決まったのだ。レセップスのパナマ運河会社が破産して十五年が経っていた。目的を達成したビュノオはパナマ政府に辞表を出して、姿を消した。結局、彼は何だったのか。ただの運河建設狂か、誰かが利用したのか、利用されたのか。自国の東海岸から西海岸まで、あの距離をかけて南アメリカ大陸をまわらなければならないアメリカが、パナマ地峡の運河を喉から手が出るほど欲しかったのは確かだ。全ては謎のまま闇に葬られた。

アメリカのパナマ運河工事

こうして今度はアメリカが国としてパナマ運河建設を引き継ぎ、工事が始まった。

アメリカがフランスの新パナマ運河会社から譲り受けたのは、掘削途中の運河部分を含め約三万エーカーの土地、パナマ鉄道の所有地と鉄道、二〇〇〇以上の建物（パナマ市の中央本部のビル、パナマ市とコロンに病院、その他、事務所、居住地域、倉庫、商店、家畜小屋などなど）

そして数多くの機械類だ。

しかし、簡単に工事が進まないのはレセップスのときと同じであった。やはり大きな問題は、難関の山を切り開くクレブラカット、チャグレス川の氾濫、そして黄熱病、マラリアなどの蔓延だった。そのころ黄熱病については、少しずつその媒介をするのがある特定の蚊で、ある条件のもとで人を刺したときに伝染する、という研究が進んで、キューバのハバナでは、蚊を根絶することによって大いに効果を上げた。その経験者であるウィリアム・ゴーガスがパナマ、コロン両市の徹底的な清掃を行った。毎朝衛生部隊が街中に消毒薬をまき、汚水には油を注いだ。明らかにその効果はあった。その後、パナマ地峡から黄熱病はなくなった。

私たちがパナマを訪れていたとき、要塞のコンクリートに穴があって水が溜まっていたのだが、そこには油が浮いていて、ガイドさんが、これは蚊を発生させないためだと言っていた。今でもパナマの人たちは忠実に実行しているようだ。

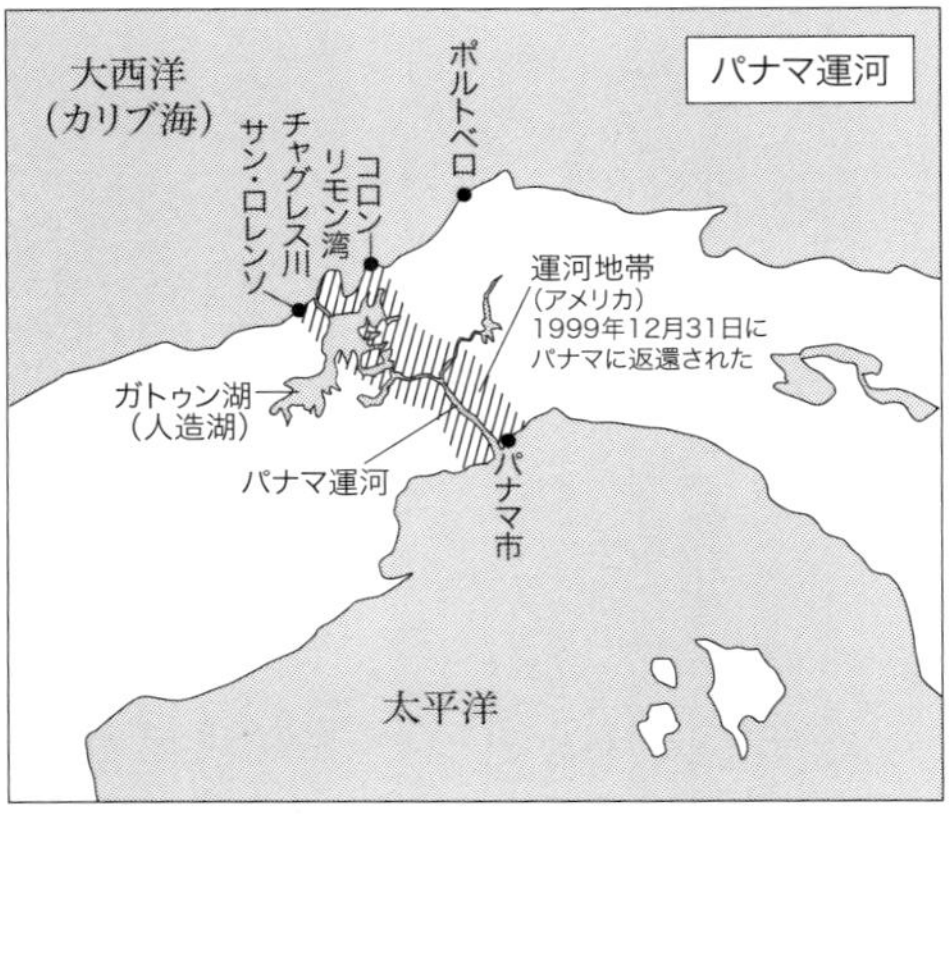

アメリカが建設にとりかかった時点でも、まだ、パナマ運河を海面式にするか、閘門式にするか決定していなかった。しかし、クレブラカットの地滑りと掘削する土の量の問題だけでなく、チャグレス川の氾濫を考えても、海面式は不可能と判断し、一九〇六年、やっと、閘門式にすることが決定した。

それからさっそく、チャグレス川を堰き止めるガトゥン・ダムの造築が始まった。クレブラカットから掘り出した土砂を運んで積み上げるのだ。相変わらず地滑りは起こるが、とにかく掘った。そして、チャグレス渓谷は水の底となり、ガトゥン湖という世界最大の（当時）人造湖ができた。そして、一九一四年、ついにパナマ運河が完成した。八月十五日、運河開通の宣言が行われ、アメリカ汽船、アンコン号が運河を通過した。盛大な式典になるはずだった。

が、その年には第一次世界大戦が勃発した。人々の関心は、この、工事に三四年もかけ大西洋と太平洋をつなぐ、という一大事業の完成には向けられなかった。

第十章

パナマ運河の一〇〇年と新パナマ運河

大型船「ポスト・パナマックス」が『壁』を越える日

「大地は分かたれ、世界はつながれた」

この言葉どおり、『陸地の壁』に道が開かれ、パナマ運河は大西洋側と太平洋側の国々と地域をつないだ。しかし、パナマ共和国の国土は分断されてしまった。

そのパナマ運河の完成後、アメリカからパナマに返還された経過、パナマ運河の構造、そして、まもなく完成予定の新パナマ運河についてみてみよう。

パナマ運河の一〇〇年

一九一四年、パナマ運河は完成したが、コロンビアから分離独立したとほぼ同時に、アメリカがあの訳のわからないフランス人と勝手に結んだヘイ‐ビュノオ＝ヴァリラ条約（その後は「パナマ運河条約」と呼ばれる）が発効したため、パナマ共和国は国土のほぼ中心にあるパナマ運河およびその両側幅十六キロをアメリカ合衆国の領土同然とされ、国を分断されてしまった。実際には、パナマの国全体がアメリカの支配下におかれた状態だった。この状況は、一九七七年の新運河条約締結までも七〇年以上、返還が実行された一九九九年までは九〇年以上続いた。

パナマ運河完成と同年に第一次世界大戦が勃発、そして第二次世界大戦と続いた。その間の一九三九年から三年間、アメリカはより大型の戦艦が通行できる新しい運河の建設を計画、大西洋と太平洋の両側で掘削を始めたが、戦争が激しくなって中断した。

ところで、第二次世界大戦（太平洋戦争）末期に、日本がパナマ運河爆破計画を立てていたことはあまり知られていない。日本軍としては、もうこれ以上アメリカの軍艦や後方支援がアメリカ東海岸からパナマ運河を通って西太平洋や東南アジアの海に来ることを、どうしても阻止したかった。作戦は、「潜水空母」つまり戦闘機を搭載できる巨大な特殊潜水艦を建造し、そこに、小型に折りたたむことができかつ短時間で組み立てられる特殊攻撃機を積み、太平洋を横断、パナマ運河のガトゥン閘門を爆破するというものだった。ガトゥン閘門は日本からみるとパナマ地峡の向こう側の大西洋（カリブ海）側である（p.189 地図参照）。つまりアメリカに気付かれないようパナマ地峡に潜水艦で近づき、隙を見て浮上、素早く戦闘機を組み立てて飛び立ち、パナマ地峡の上空を越えてガトゥン閘門まで行って爆破する、という計画だ。しかし、戦況がどんどん悪化し資材も不足、当初の計画よりかなり縮小することになった。特殊潜水艦は「伊四〇〇」「伊四〇一」など四艦、特殊攻撃機は「晴嵐」と名付けられ潜水艦に各三機、二機と積まれることになった。アメリカ軍の空襲を避け、能登半島にて、「晴嵐」をとにかく早く組み立てて飛び立てるよう、訓練を積み、出撃を待った。しかし、時すでに遅し。戦況がますます悪化、結局作戦は実行されなかった。

「窮鼠猫を噛む」とはいえ、日本軍はなんと大それたことを考えたことか。しかしアメリカ軍はとっくにそんなことは読んで秘密裡に対策を講じていた。成功するはずなどなかった。結果からすれば、実行できなくて本当によかったと言える。

第二次世界大戦が終わると、今度は東西冷戦時代。アメリカはますますパナマでのアメリカ軍の軍備を強化させた。そして、パナマの国民はアメリカへの反発をますます激しくしていった。

一九六四年、ついに象徴的な事件が起きた。その前にアメリカのケネディ政府がパナマのナショナリズム運動を鎮静化させるために、パナマ国旗も星条旗と共に運河地域などで掲揚することを約束したにもかかわらず、運河地帯のバルボア高校でアメリカ人学生がパナマ国旗を掲揚しなかったことに対しパナマ人学生集団が激しく抗議、その衝突が大きくなり、パナマ市やコロン市でも暴動が起きた。これに対してアメリカは軍隊を投入、多くの死傷者を出した。

その後、一九七七年、パナマのトリホス将軍とアメリカのカーター大統領の間で、運河に関する新条約が締結された。その結果、一九九九年十二月三十一日の正午に、運河地帯は全面的にパナマに返還され、パナマの主権が戻ることになった。その期日までの間に、レーガン、ブッシュ大統領時代には問題も起こり、アメリカ軍のパナマ侵攻などもあったが、一九九九年のその日、クリントン政権は公式式典には参加しなかったものの、無事、運河返還は行われた。パナマ国民は歓喜のもと正午を迎え、運河返還を祝った。これでやっと、パナマ運河はパナマのものになった。パナマは三回独立したと言われる。まずはスペインから、そして次にコロンビアから、そしてこの日、アメリカから「独立」したのだ。もう遠慮せずにアンコンの丘にパナマ国旗を掲げ、市内から眺めることができる。

そして二〇一四年、パナマ運河は開通一〇〇周年を迎えた。それと同時に、新しい運河が完成する予定だった……

私がパナマを訪れたのは二〇一三年、バルボアの「太平洋発見」五〇〇周年の年だった。新運河の建設現場も見られるということで、その日の行程の最後にガイドさんに連れて行ってもらうことにした。その日は朝、まずパナマ鉄道に乗って太平洋側のパナマからカリブ海側のコロンまで、約一時間で地峡を横断。これは初めて建設された線路が運河建設の際ガトゥン湖に沈んでしまったため改めて敷かれたものだが、パナマからコロンへの通勤列車として、また運河通過の都合で降ろされた貨物を運ぶために一日一往復だけ運転されている。その一両が、観光客用に二階建てになっていて上の席はガラス張りになっている。とても快適で運河とほぼ平行して走っているため、ジャングルの中に浮かぶ大型船を見ることができる。広いガトゥン湖上の一本レールの上を走るのも気持ちがいい。

コロンで降車、フリーゾーン（免税店が軒を並べている）をさっと見て、車で西のサンロレンソの砦に向かう。前日に訪れたポルトベロも人はまばらだったが、こちらは本当に誰もいなかった。ジャングルの中の道路を走るのも私たちの車だけ。そして着いてみると、何もないところに古い大砲が並べられている。そこは海から見ると断崖のようになっている上で、そこからはチャグレス川の河口がすぐ横に見える。ここがパナマの町を焼き払ったあの海賊ヘンリー・モーガンたちが上陸したところだ。実際にはそれだけではなく次々と襲ってくる海賊たちを、スペイン兵はここから大砲で追い払ったのだろう。今、一直線のカリブ海の水平線に点々と浮かぶのは、海賊船ではなく、パナマ運河通過の順番を待つ大型貨物船だった。

その後また車でコロンの方へ戻る。この道はパナマ運河を横切っている。行きは橋が渡してあって何ともなく通ったが、帰りはちょうど大型船が通過中だったので、橋がたたんであり、待たなければならなかった。まさに、運河によって国は分かたれたのだった。太平洋側にはアメリカが一九六二年になってやっとかけたアメリカ橋があり、そこがアラスカからアルゼンチン最南端の町ウスワイアまでつながるパンアメリカン・ハイウェイの一部となっている。その後、二〇〇四年にもうひとつ、クレブラカットのあたりにセンテナリオ橋が造られた。が、カリブ海側はこの小さい折りたたみ橋しかないらしい。もっともそのときも車は五、六台待っているだけだったが。のんびりと待っているあいだにイグアナがちょこちょことどこからか出てきた。

パナマ運河を越えて次に向かったのは、新パナマ運河の工事現場だ。ただ柵の外からのぞくように見るだけかと思いきや、広い敷地に運河建設の立派な見学施設で博物館のような建物があり、多くの人、主に現地の学校の生徒たちが見学に来ていた。工事現場も広大で建設作業などをよく見ることができた。その前に、実際にフェリーでパナマ運河の閘門通過体験をしていたので、この現場には、現在の水門（ゲート）のような観音開きではなく、横にスライドする水門がつけられるのだということも、それらしき現場の形を見てすぐわかった。ちょうど帰国直後にパナマの新聞の電子版に、イタリアから大型船に載せられた巨大なゲートがパナマに着いたというニュースと写真があって、やっぱり、と思ったものの、その巨大さに改めて驚いた。水の入っていない閘室も巨大だ。大型観光客船はホテルのようだが、その大型ホテルがすっぽり入るサイズのコンクリートの穴を造っているわけだ。作業員はとても小さくみえた。

しかし、この現場の右側に大西洋（カリブ海）に浮かぶ大型船、そして左側にガトゥン湖に浮かぶ大型船、と壮大な景色を眺めながら、正直、この調子で翌年に完成できるのかなあと、心配になったが、よく聞いたら、完成予定は延期になっているという。この時点では完成は二〇一五年中で開通は二〇一六年ということだった。

「新運河建設計画」については、一九七七年に締結された「トリホス・カーター運河条約」の中で、パナマ運河をアメリカからパナマに返還する条件のひとつになっていた。返還後は、パナマ共和国が運河の経営、運営、維持を行っていたが、現在は政府自治機関であるパナマ運河庁（ACP）が運営している。新運河（新閘門）建設を含む運河拡張工事は二〇〇七年に着工。新閘門建設の国際入札では、米・日本・中国の三か国（ベクテル、大成、三菱商事、中国の下請け、武昌造船所）の連合体も最終段階まで残ったが、結局、落札したのはスペインをリーダーとし、イタリア、ベルギー、パナマ、米、オランダの六か国の連合体、グルーポ・ウニードス・ポル・エル・カナル（G.U.P.C.）だった。

ここで、現在のパナマ運河の概要と、「新パナマ運河」とよばれる第三閘門建設を含む「運河拡張計画」について見てみよう。

パナマ運河の構造としくみ

まずパナマ運河の水路だが、大西洋（カリブ海）側のコロン市クリストバル港から入ると、ガトゥン閘門で三段の階段を水のエレベーターを利用して二六メートル上り、チャグレス川をダムで堰き止めてできたガトゥン湖を航行、高山を切り開いてできたクレブラカットを通り、今度はペドロミゲル閘門で一段、ミラフローレス閘門で二段、階段を下がって、太平洋に出る。

大西洋も太平洋も、海面は海抜〇メートルで同じ水位だが、太平洋側は干満時の潮位差が六メートル近くもある。

船の水のエレベーターとなる閘室の水門（ゲート）は、観音開きで開く鉄製の扉で、一枚の大きさが、高さ二五メートル、幅二〇メートル、厚さ二メートルもある。しかし中は空洞なので、水中で浮力が働き、簡単な油圧ポンプで開閉される。

閘門施設の水のエレベーターで船を昇降させるために使われる水は、全てガトゥン湖から、主要暗渠《あんきょ》（水のトンネル）システムを通して重力を利用して流れ込むように造られている。

パナマ運河の総距離は、約八〇キロメートル。そのうち約五分の一の一二・六キロメートルがクレブラカットだ。

運河通過にかかる時間は、約一〇時間だが、閘門の空きを待つために太平洋でも大西洋でもガトゥン湖でも、たくさんの船が待っている。その時間も入れると、一日がかりといえる。

通行料は船の大きさや積荷によって決められるが、バルク船（七万トン積荷満載）の場合は約三千万円。金額は高いように見えるが、パナマ運河を航行しない場合は、アフリカ大陸南端喜望峰まわりか、南アメリカ大陸ホーン岬まわり、あるいは地中海―スエズ運河か、アメリカなら西海岸と東海岸の間は鉄道を利用するか、いずれにしても、料金は割り増しになるので、どれをとるか、である。

利用船の主な貿易ルートは、一番多いのが、アメリカ東海岸と極東（日本、中国など）間。そのほか、アメリカ、カナダの西海岸とヨーロッパ、そして、南アメリカの西海岸（チリ、エクアドルなど）とアメリカ東海岸、ヨーロッパ間、などである。もちろん、アメリカの東海岸と西海岸間もある。

利用量の多い国は、一九八〇年の資料では、第一位がアメリカで日本が第二位だったが、二〇一一年の資料では、日本は中国に抜かれて第三位となり、二〇一四年の資料では、更にチリが利用量を増やし、日本は第四位となった。

パナマ運河では、閘門に入るところからは、全ての船が操縦をパナマ運河のスタッフと交替し、訓練を積んだ操縦士と技術者たちが、閘室のコンクリート壁ぎりぎりの大型船が壁にぶつからないよう、慎重に船を進める。また、左右両岸のレールの上を走る特別な小型電気機関車（船舶牽引用機関車）も船をワイヤーロープでつないでコンクリート壁との衝突を防ぐ。それぞれの閘門に左右各4台ずつぐらいあったが、これは日本の三菱製だ。閘門通過の様子は、口絵写真を見ていただくとわかると思う。

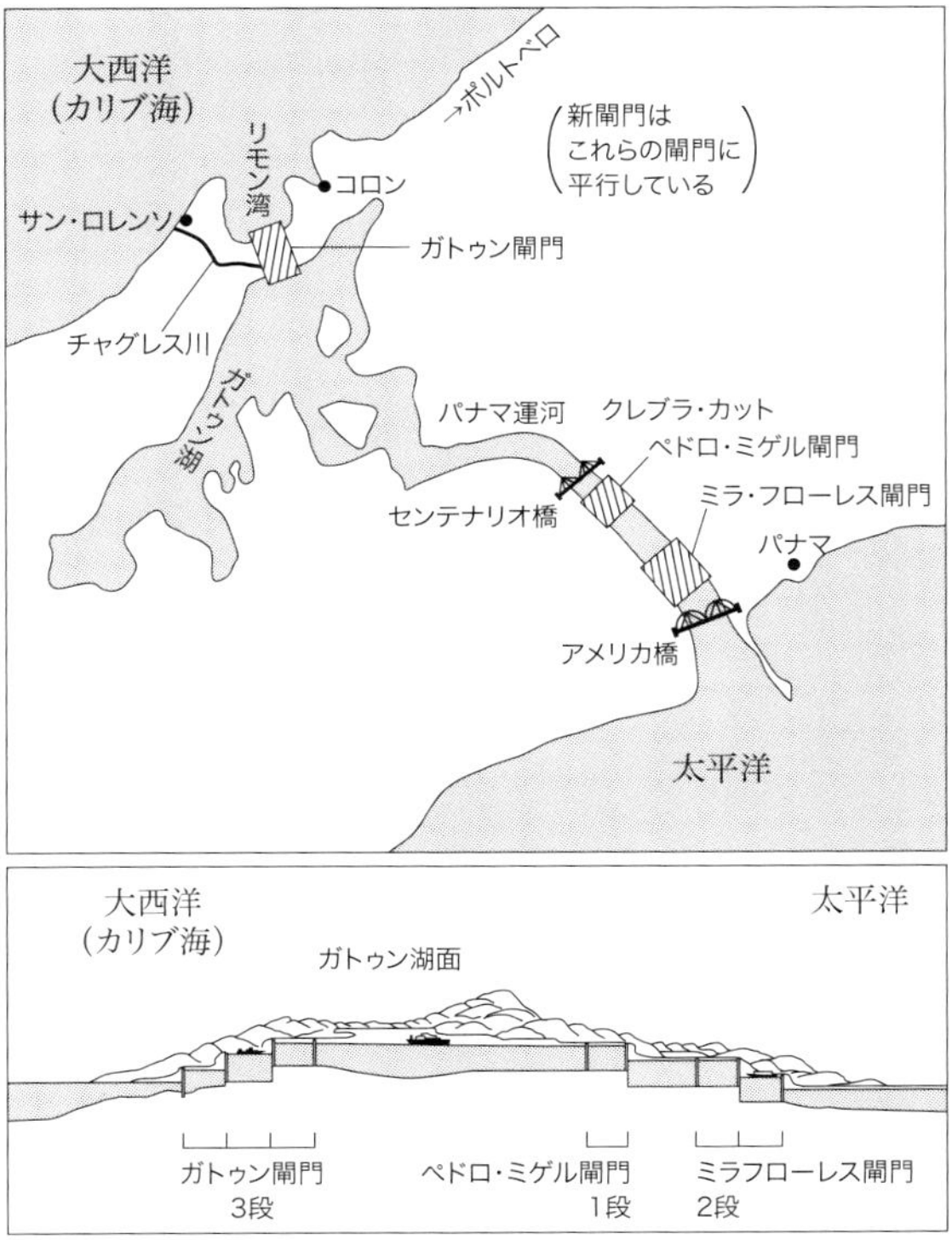

新パナマ運河（運河拡張計画）

この閘門はなにしろ一〇〇年前に造られたものである。その間、順調な航行を維持するためのメンテナンスはもとより、新しい技術を取り入れ改良もされてきた。それでも、船の大型化が進むにつれ、この閘門サイズでは通行できない船が増えてきた。パナマ運河の閘門のサイズで航行できる最大の船のサイズを「パナマックス」と呼んでいるが、それより大きな「ポスト・パナマックス」の船は、通過できない。戦時中のアメリカの大型軍艦もそうだったわけだが、更に大きな大型船が航行できるよう、パナマ運河を拡張する計画が立てられたのだ。

パナマ運河庁（ACP）のパンフレット（二〇一三年八月に新パナマ運河工事現場の見学施設でもらったもの）によると、拡張計画の構想は、

一、太平洋側および大西洋側各々の運河侵入航路増深。

二、ガトゥン湖航路およびクレブラカットの拡幅、増深。

三、太平洋側と大西洋側各一か所に、三つの閘門室、節水槽、側面からの満排水システム、引き戸式ローリングゲート、を備えた新閘門施設の建設。（ミラフローレス第三閘門とガトゥン第三閘門）

四、ガトゥン湖の限界水位引き上げ。
五、太平洋側新閘門をクレブラカットに接続し、現運河に平行する六・一キロメートルの新航路を含む太平洋進入航路の四段階の掘削。

と、かなり大がかりなものだ。もちろん、新閘門のサイズは現閘門よりぐっと大きくなる。（別表参照）。サイズはサッカー場四つ分と書いてある。新閘門を通れる「ポスト・パナマックス」船の積載量は、「パナマックス」の約二・五倍ということだ。
更に、新閘門の横には用水再利用貯水槽が設置され、通行一回当たり最大六〇パーセントの水を再利用することができるようになる。そのほか、観音開き式ゲートより省スペースでメンテナンスの容易な引き戸式ローリングゲートを採用、コストのかさむ電気機関車ではなくタグボートを使う、更には野生動植物の宝庫であるパナマの森林を守るなど、社会的、環境的持続性が保障されるよう、配慮もされているとのことだ。

現在の閘門と新閘門の比較

		現行の閘門（最大許容船）（「パナマックス」）	新（第三）閘門（最大許容船）（「ポストパナマックス」）
閘門室サイズ	幅	33.5m　(32.3m)	55m　(49m)
	長さ	304.8m　(294.1m)	427m　(366m)
	深さ	12.8m　(12m)	18.3m　(15m)
レーン数		2レーン	1レーン
水門（ゲート）		観音開き（両開き）式ゲート	引き戸式ローリングゲート
誘導		小型電気機関車	タグボート

さて、この新運河は延期した予定通りに完成するのか。

二〇一四年四月一五日の日本経済新聞記事によると、「日本政府は、拡張工事が遅れているパナマ運河に対し、早期完成を条件に一〇〇億円規模での追加資金支援する検討に入った。」

二〇一七年に米国から輸入する「シェールガス」の輸送船が新しい閘門しか通過できず、パナマ運河経由なら約二〇日なのが喜望峰まわりだと約四五日もかかり、コストが大幅に膨らむ懸念があるからだ。


そうしてラテンらしく各国の関係者の気をもませたが、二〇一六年六月二十六日、ついに新閘門が開通、「パナマ運河拡張完成式典」が行われることになった。

第十一章

新しい航路開発競争

ニカラグア運河・北極海航路・スエズ運河拡張、そして、世界の海の将来

この新しいパナマ運河が開通すると、今まで通れなかった液化天然ガス（LNG）船や液化石油ガス（LPG）船などのパナマックスを超える大型船が通れるようになり、アメリカ東海岸の天然ガスを日本に輸送するなどの運搬が便利になる。

しかし、世界には他にもまた新しい動きが次々と起こっている。

二〇一三年八月、私たちがパナマを発ち帰国するその日の朝、ホテルでテレビをつけると、「更にもうひとつの新しい運河をニカラグアに建設する」というニュースが流れた。驚いてロビーで現地の新聞を見ると、それは中国系の企業の計画だという。これまでさんざん議論されてきた、ニカラグア湖とサンファン川を利用するルートだ。

その後、二〇一四年六月二十三日の朝日新聞でこのことに関する記事を見た。それによると、「反米姿勢で知られるニカラグアのオルテガ大統領が、貧困脱出を掲げてこの構想をぶち上げ、昨年六月、公開入札なしで香港ニカラグア運河開発投資有限公司（HKND社）と工事請負契約を結んだ。」そして「HKND社は中国の銀行や企業とつながりが深い。万一、資金繰りに問題が生じても、資金を調達できる」と語っているとのこと。また、そのサイズは、全長四〇〇メートル、幅約六〇メートルの超大型船舶も航行可能で、新パナマ運河よりも大きいとのこと。

これが実現すると、例えば、二〇一三年にキューバから武器を積んで通ろうとした北朝鮮船がパナマ運河で止められたことがあったが、今度は、その運河の通行船を中国が思うがままにできることになる。アメリカが敵だったときはパナマ運河が疎ましかったわけだが、今、パナマ運河の利用量が世界第四位の日本としては、この通路をアメリカにしっかり管理してほしいと思ったりする。いや、他力本願ではいけないのだ。日本には何ができるか。

また北極海では、地球温暖化に伴い海氷が減少、七月から十一月までと、航行可能時期が長くなり、北極海航路にも熱い期待が高まっている。アジアとヨーロッパを結ぶこの航路では、インド洋経由の南まわりより距離にして四割ほど短いとのこと。

また、北極海には世界全体の天然ガスの三〇パーセント、原油の一三パーセントという資源も眠る。ロシアでは液化天然ガス（ＬＮＧ）の積み出し港の建設が始まり、北極海航路を開拓している。日本へもノルウェー産ＬＮＧを積んだタンカーが着くなど、注目が集まっている。中国は北極海沿岸でグリーンランドを領有するデンマークに急接近、最大級の中国文化センターを開設、企業買収や投資を盛んに行い、影響力を増している。

スエズ運河も、拡張工事を進めている。
スエズ運河は、地中海と紅海を結ぶ、長さ約一六〇キロ（パナマの約二倍）の運河で、現在はエジプトのスエズ運河庁が運営している。閘門式ではなく海面式なのでパナマ運河より大きい船が通れるが、幅が狭く基本的に一方通行のため、通過に約二〇時間かかる。渋滞時には入口で二日間ほど待たされることもある、ということで、中部の約七五キロを複線化し、すれ違いができるようにする拡張工事をしている。そしてそのスエズ運河を越えた地中海側の主要港でも、中国は着実に勢力を伸ばしているという。

これらの世界の海上輸送の技術的な面もどんどん進んでいるが、同時に新たな問題も起きている。北極海ではウクライナ情勢をめぐる対ロシア制裁の影響、スエズ運河では「アラブの春」後の混乱やシナイ半島のテロ、アラビア海やマラッカ海峡の海賊、そして、南シナ海では中国が海に埋め立て地を造って自国の領土だと主張している。ここも、隣接するベトナムやフィリピンだけの問題ではない。中東からの石油を積んでインド洋を通って日本に来る船にとって主要ルート上であるから、日本にとっても深刻な問題である。

もともとはパナマ地峡をめぐっての昔のことに興味を持っていたのだが、それらがそのまま、世界の新しい動きにつながっていくことに気が付いた。

自分たちが海外旅行に行くときはほとんど航空機を使い、それこそ、「ひとっとび」で行けてしまうが、石油や天然ガスなどのエネルギーや、大型貨物の輸送はもっぱら船だ。海上や運河を封鎖、または独占されたりしたら、特に日本のように海に囲まれた島国は、全く動きがとれなくなる。

あまり意識していなかったが海の安全は重大事だ。そんなことまで考えさせられた。

これからも、皆がもっと広く世界情勢に目を向けていくことが必要だと思う。

おわりに

アルゼンチンのブエノスアイレスに住んでいたとき、ある日、世界地図を見て驚いた。自分の今いるところは、アフリカ南端とほぼ同緯度にあった。自分はアフリカ大陸より南にいるのだ。それでもアルゼンチンの国はまだまだ南に長く続いている。アルゼンチンの最南端の町（つまり世界最南端の町）ウスワイアに旅行したとき、ビーグル海峡で座礁して捨てられた古い船を見て、マゼランに想いを馳せた。彼はあんな時代に帆船でこんな遠くまで航海してきたのだと思うと、感慨深かった。（実際はビーグル海峡はマゼラン海峡より更に南だったが。）

そして、アルゼンチンで生活しながら何かにつけ感じたことは、自分は、これまで「外国」の代名詞だったアメリカ合衆国を通り越して来てしまったんだなあ、ということ。英語を勉強するときは必ず、アメリカ人はジェスチャーも大きく表情も豊かで……、と習ったが、アルゼンチン人に言わせると、アメリカ人なんて表情も変えないし何考えてるか全然わからない、となるのだ。スペイン系とイタリア系移民が多いお国柄だから納得できるが、そのとき、思った。私はアメリカの先にいる！　地理的に地球の真裏というだけでなく、何かにつけ日本とアルゼンチンは両極端で、その中間にアメリカ合衆国があった。というか、アメリカ合衆国はむしろ日本と同じというぐらいの感覚になった。
そうしているうちに、いろいろな事柄をこれまで日本からの目で見ていたのが、裏側から見るようになった。基準がアルゼンチンになってきた。大きいと聞いていたナイアガラの滝も、イグアスの滝を見た後では、なんてコンパクト！と思ったし、パリの町を見たらアルゼンチンと同じ！と言ってしまう。

そして、アルゼンチンが好きになるにつれて、南米人、そしてその親であるスペイン人びいきになってきた。そうしてみると、つくづく残念に思ったのは、まず、世界史や現代のニュースの話題の中で、中南米について取り上げられることがとても少ないということ。世界史では、コロンブスから始まりスペイン人がアステカやインカ帝国を滅亡させて中南米のほとんどを植民地にした、その後は習った覚えがない。

でも、それだけではなかった。アルゼンチン、パナマの歴史を見ていると、また違うことに気が付いた。私たちが習ってきた世界史は、英語で書かれたもの、つまりアメリカ、イギリスで書かれたものそのままではないかと思うようになってきた。ヨーロッパやアメリカ合衆国についてはかなり細かく教科書に書いてあったにもかかわらず、彼らにとって都合の悪いことは触れないようにされているように見える。ひとたび見方を変えると、また違う事が見えてくる。そしてそれらは世界の別の場所の様々な事につながる。

それらを知るのはとても面白い。アジアやアフリカ、中東など、いいや、ヨーロッパの中でさえも、世界の違う地域の人が、それぞれの歴史を通して見たら、世界史はまた違うのだと思う。


アルゼンチンとアメリカのカリフォルニアに駐在で住んだ後、南米が恋しくなり日本の図書館で南米関係の本を探していたら、『パナマ地峡秘史』という本に出会った。実は私は小学生の頃、階段状のパナマ運河について話を聞いてから興味があっていつか行きたいとは思っていた。パナマという国に興味があったわけではなかったが、他に南米関係の本がなかったので読んでみた。すると、私の知らなかった興味深いことがたくさん書いてあって驚くと同時に、こんなに位置的にも歴史的にも大きな役割を果たしているパナマという国について、何故何も習ってこなかったのだろうと思った。パナマ運河も、これまでも、これからも、こんなに重要なのに、それも知らない。

砂時計のような形の南北アメリカ大陸で、パナマ地峡は東西も南北も繋ぐ要所なのだ。

パナマでつながれた南北アメリカ大陸を眺めているうちに、私が住んだ二か所、アルゼンチンとカリフォルニアの共通点を見つけた。南アメリカは、ペルーやベネズエラ、つまり北西から順にヨーロッパ人の町ができていった。ブエノスアイレスは、ラプラタ川の河口だから、スペイン人たちが南下の際に次々と立ち寄ったが、ソリスが先住民に殺されたり、最初の小さな入植地が先住民に焼き払われたりして、実際に町が創られたのは一五三六年といわれている。しかし、この植民もうまくいかず、ブエノスアイレスは見捨てられてしまう。そして、約四〇年後、再びスペイン人がブエノスアイレスに行ってみると、先の入植者たちがおいていった馬が大繁殖して、パンパの草原を走り回っていたという。そのくらい、土地は肥えていて自然条件に恵まれているということに改めて気付き、それからまた町ができていったという。今でも牛は草原に放っておけば太り、ガウチョ(アルゼンチンのカウボーイ)が馬で牛を集める。アルゼンチン人の主食は肉、みたいなものだ。金も銀もなかったので南アメリカ大陸では開けるのが最後の方だったが、住むにはいいところだ。

ちなみに、ラプラタ川は「銀の川」という意味だし、アルゼンチン(Argentina)の国名は「銀Ag」からきているが、これは銀が採れたからではなく、その川の上流であるアンデス地方から銀が運ばれてきたということだ。(しかし、当初ブエノスアイレスでの銀取引きは、スペインは認めていなかったので、密輸とみなされた。)

一方、北アメリカでは東からヨーロッパ人が入植していったので、現在のカリフォルニア州も最後だったし、本文で述べたように、やはり「発見」はされても長期間、見捨てられていた。今でも西海岸は東海岸の人から見るとどちらかというと田舎と思われるらしいが、気候がよくて住みやすいところだ。

南北アメリカ大陸について、いろいろ調べていくと、つぎつぎと面白いことが出てきて、それが世界の他の地域と結びついて広がり、とにかく横道にばかりそれてしまって困った。これでもかなり抑えながら、ハイスピードで時代を超えて書いてきた。ただし、「南北アメリカ大陸という陸地の『壁』を越えること」をテーマに、私の興味のあったことだけを中心に絞って書いたので、全体を網羅しているわけではない。

本書を読んでくださった方には、それぞれの時代の臨場感を少しばかり味わっていただけたら、また、歴史へのいろいろな疑問や更なる興味、そして世界の現状と将来への関心を持っていただけたらうれしい。正直、この本は、そのためのよい「きっかけ」となれば、と思いながら書いた。本書は歴史書というわけではないので、細かいことはともかく、全体の流れを楽しみながら見ることができるのではないかと思う。世界は広く時間軸は長い。「世界史」に興味を持てなかった方も、是非、自分の興味のある事を見つけてそこから世界を見てみると面白いのではないだろうか。

最後に、海外で「郷に入れば郷に従え」的な生活を一緒に楽しんでくれた家族と、温かく見守ってくださった方々、そして、南米に派遣してくれた会社に感謝したいと思う。

パナマ運河鉄道

主な参考文献

青木康征　『南米ポトシ銀山　スペイン帝国を支えた打出の小槌』　中公新書　二〇〇〇年
明石紀雄　『ルイス・クラーク探検　アメリカ西部開拓の原初的物語』世界思想社　二〇〇四年
有賀貞　『ヒストリカル・ガイド　アメリカ』　山川出版社　二〇一二年
池上彰、増田ユリヤ
　『世界史で読み解く現代ニュース』　ポプラ新書　二〇一四年
石島晴夫　『カリブの海賊ヘンリー・モーガン　海賊を裏切った海賊』　原書房　一九九二年
岩根圀和　『物語　スペインの歴史　海洋帝国の黄金時代』　中公新書　二〇〇二年
岩根圀和　『スペイン無敵艦隊の悲劇　イングランド遠征の果てに』　彩流社　二〇一五年
エディット・ユイグ　藤野邦夫訳
　『スパイスが変えた世界史　コショウ・アジア・海をめぐる物語』　新評論　一九九八年
大佛次郎　『パナマ事件』　大佛次郎ノンフィクション文庫九　朝日新聞社　一九八三年
　（一九五九年「朝日ジャーナル」に発表したもの）
岡田昇　『カムチャツカ探検記　水と火と風の大地』　三五館　二〇〇〇年
織田武雄　『地図の歴史　世界編』　講談社現代新書　一九七四年
河合恒生　『パナマ運河史』　教育社歴史新書　一九八〇年
川澄哲夫　『黒船異聞　日本を開国したのは捕鯨船だ』　有隣堂　二〇〇四年
木村和男　『北太平洋の「発見」　毛皮交易とアメリカ太平洋岸の分割』　山川出版社　二〇〇七年
木村和男　『カヌーとビーヴァーの帝国　カナダの毛皮交易』　山川出版社　二〇〇二年

国本伊代、小林志郎、小澤卓也『パナマを知るための五五章』明石書店　二〇〇四年
クリントン・V・ブラック『カリブ海の海賊たち』増田義郎訳　新潮社　一九九〇年
コロンブス　林屋永吉訳『全航海の報告』岩波文庫　二〇一一年
櫻井正一郎『女王陛下は海賊だった　私掠で戦ったイギリス』ミネルヴァ書房　二〇一二年
島崎博『中米の世界史』古今書院　二〇〇〇年
ジャイルズ・ミルトン　松浦伶訳『スパイス戦争　大航海時代の冒険者たち』朝日新聞社　二〇〇〇年
ジョン・エスケメリング　石島晴夫訳『カリブの海賊』誠文堂新光社　一九八三年
杉浦昭典『海賊キャプテン・ドレーク　イギリスを救った海の英雄』講談社学術文庫　二〇一〇年
杉崎和子『カリフォルニアを目指せ　幌馬車隊三二〇〇キロの旅』彩流社　二〇〇四年
R・A・スケルトン　増田義郎、信岡奈生訳『図説　探検地図の歴史　大航海時代から極地探検まで』原書房　一九九一年
千田稔『地球儀の社会史　愛しくも、物憂げな球体』ナカニシヤ出版　二〇〇五年
園田英弘『世界一周の誕生　グローバリズムの起源』文春新書　二〇〇三年
竹田いさみ『世界史をつくった海賊』ちくま新書　二〇一一年
鶴谷壽『アメリカ西部開拓博物誌』PMC出版　一九八七年
ディヴィッド・ハワース　塩野崎宏訳

『パナマ地峡秘史　夢と残虐の四百年』　リブロポート　一九九四年（原本一九六六年刊）
デーヴィッド・マカルー　鈴木主税訳
『海と海をつなぐ道　パナマ運河建設史（上・中・下巻）』　フジ出版社　一九八六年（原本一九七七年刊）
トビー・レスター　小林力訳
『第四の大陸　人類と世界地図の二千年史』　中央公論新社　二〇一五年
ネヴィル・ウィリアムズ　向井元子訳
『ドレイク　無敵艦隊を破った男』　原書房　一九九二年
永田圭介
『マゼランの奴僕』　編集工房ノア　二〇一三年
ピガフェッタ、トランシルヴァーノ　長南実訳
『マゼラン　最初の世界一周航海』　岩波文庫　二〇一一年
ピーター・ウィットフィールド　和田真理子、加藤修治共訳
『世界図の歴史　人は地球をどのようにイメージしてきたか』　ミュージアム図書　一九九七年
ファン・ダヴィ・モルガン　中川晋訳
『黄金の馬　パナマ地峡鉄道　大西洋と太平洋を結んだ男たちの物語』　三冬社　二〇一四年
フィリップ・ジャカン　増田義郎監修、後藤淳一、及川美枝訳
『海賊の歴史　カリブ海、地中海から、アジアの海まで』　創元社　二〇〇三年
フェリペ・フェルナンデス・アルメスト　関口篤訳
『世界探検全史　道の発見者たち』（上・下）　青土社　二〇〇九年
ペニー・ルクター、ジェイ・バーレサン　小林力訳
『スパイス・爆薬・医薬品　世界をかえた十七の化学物質』　中央公論新社　二〇一一年
マージョリー・シェファー　栗原泉訳

増田義郎『胡椒　暴虐の世界史』白水社　二〇一五年
増田義郎『太平洋　開かれた海の歴史』集英社新書　二〇〇四年
増田義郎『マゼラン　地球をひとつにした男』原書房　一九九三年
増田義郎『掠奪の海カリブ　もうひとつのラテンアメリカ史』岩波新書　一九八九年
増田義郎『図説　大航海時代』河出書房新社　ふくろうの本　二〇〇八年
マーティン・ギルバート　池田智訳
『アメリカ歴史地図』明石書店　二〇〇三年
宮崎正勝『風が変えた世界史　モンスーン、偏西風、砂漠』原書房　二〇一一年
宮崎正勝『北からの世界史　柔らかい黄金と北極海航路』京書房　二〇一三年
宮崎正勝『ジパング伝説　コロンブスを誘った黄金の島』中公新書　二〇〇〇年
宮永孝『万延元年の遣米使節団』講談社学術文庫　二〇〇五年
三好唯義編『図説　世界古地図コレクション』河出書房新社　ふくろうの本　一九九九年
山口廣次『パナマ運河　その水に影を映した人びと』中央公論者　中公新書　一九八〇年
山本厚子『パナマ運河百年の攻防　一九〇四年建設から返還まで』藤原書店　二〇一一年
ワクセル　平林広人訳
『ベーリングの大探検　副司令ワクセルの手記』石崎書店　一九五五年
Andrew Rolle, California, A History 5th edition, Harlan Davidson, Inc. 1998

朝日新聞
日本経済新聞（電子版を含む）

パナマの新聞　「LA ESTRELLLA DE PANAMA」電子版
パナマの新聞　「La Prensa」電子版
パナマの新聞　「PANAMA AMERICA」電子版

「GUIA del CANAL DE PANAMA」EDICIONES BALBOA　二〇一〇年
「パナマ運河」パンフレット　ACP（AUTORIDAD DEL CANAL DE PANAMA）二〇〇九年

写真と略地図など：著者撮影・作成
カラー口絵　1・2・16頁（パナマ大使館提供）

本書に関連する主な事項の略年表

パナマ地峡とその周辺

1492	コロンブス第1回目の航海
1498	コロンブス第3回目の航海　ベネズエラ北岸へ
1501	バスティーダス隊、バルボア　パナマ地峡へ
1502	コロンブス第4回目の航海　パナマ地峡へ
1510	バルボア　密航して再びパナマ地峡へ
1513	バルボア　「太平洋を発見」
1519	バルボア処刑
1519	太平洋側にパナマ市建設

その他の地域

2c	プトレマイオスの地図
1488	ポルトガル　アフリカ南端をまわる
1492	マルティン・ベハイムの地球儀
1494	トルデシリャス条約
1500	ポルトガル　カブラル、ブラジルに漂着
1507	ヴァルトゼーミュラーの地図 このころ(1505−13) マゼラン(ポルトガル)は東南アジア
1512	ポルトガル　香料諸島に到達
1520	マゼラン(スペイン)マゼラン海峡発見 太平洋を横断してフィリピンへ エルカノらは香料諸島経由スペインへ
1529	スペイン王、香料諸島の権利を ポルトガルに譲る

1533	インカ帝国征服
1545	ペルー(現ボリビア)ポトシ銀山の発見
	1560ごろから　スペイン、船団方式採用
1572	ドレイク、ノンブレ・デ・ディオス襲撃
1577	ドレイク、イギリス出航、カリブ海、ペルー沖でスペイン船を略奪、香料諸島経由イギリスへ
1595	ドレイク、再びパナマ地峡を襲う
1655	イギリス、ジャマイカを占領
1668	モーガン、ポルトベロ略奪
1670	スペインとイギリス、海賊行為を禁止する条約
1671	モーガン、パナマ市を略奪、焼き尽くす

1542	スペイン、サンディエゴに上陸
1543	ポルトガル、日本の種子島へ(鉄砲伝来)
	カリブ海に海賊
1565	ウルダネータ、マニラ−アカプルコ間の大圏航路発見、250年間の交易
1600	イギリス東インド会社設立
1602	オランダ東インド会社設立
1607	ハドソン、4年にわたり4回の探検 マンハッタン島、ハドソン湾他
1667	ルン島はオランダ領、マンハッタン島はイギリス領となる
1728	ベーリング海峡の発見

1849	カリフォルニア・ゴールドラッシュ通路となる
1855	パナマ地峡横断鉄道完成
1879	パリで「両洋間運河研究国際会議」
1880	レセップス、パナマでパナマ運河起工式
1889	レセップスのパナマ運河会社破産宣言
1903	パナマ共和国、コロンビアから独立
1904	アメリカ合衆国、パナマ運河建設を引き継ぐ
1914	パナマ運河完成
1977	トリホス－カーター新運河条約
1999	パナマ運河、アメリカからパナマへ返還

1769	スペイン、サンディエゴから北へ21の
1775	ミッション建設、サンフランシスコ到達
1790	ヌートカ湾協定
1793	マッケンジー、北アメリカ陸路西海岸へ到達
1848	メキシコ領カリフォルニアで金の発見 カリフォルニアはアメリカ領になる
1849	カリフォルニア・ゴールドラッシュ
1853	ペリー、日本の浦賀へ（黒船来航）
1869	北アメリカ大陸横断鉄道完成 スエズ運河開通
1898	アメリカ軍艦オレゴン号、『壁』に阻まれる

2007	パナマ運河拡張工事(新パナマ運河工事)着工
2014	パナマ運河100周年
2016	新パナマ運河完成

パナマ共和国　概況について

人口: 約402万人（2016年推定）　**国土面積:** 75,517 Km^2（北海道より一回り小さい）
領海: 77,617 Km^2　**首都:** パナマシティー 推定人口 約170万人（2014年）
政府: 行政、立法、司法の三権分立による民主共和制の独立主権国家です。
政体: 10の県（77地区に分かれる）と5つの自治区及び先住民地区に分かれます。
宗教: ローマカトリック教 85%、プロテスタント15%
言語: スペイン語（公用語）。英語も主要都市では広く話されています。
気候: 快適な熱帯性で、年間平均気温約27℃、平均湿度79%。4月から11月までの雨季と12月から3月までの乾季がある。パナマはハリケーンのコースから外れた所に位置し、地震もほとんどありません。
時差: 日本との時差は、マイナス14時間。（GMT-5）
電圧: 電圧は220Vと、110V/周波数60ヘルツがあります。　**電話:** パナマの国番号は507です。
通貨: バルボア。ただし米ドル紙幣が法定通貨として流通。トラベラーズチェックやクレジットカードは大抵利用できます。
運転免許: 日本の免許証は90日間有効。　**入国許可:** ビザ不要（日本国籍）。
パナマへの観光客数: 2,552,636人（2015年）
日本の要人訪巴: 2001年常陸宮御夫妻がパナマ訪問。豊富な鳥類の観察をされた。2013年5月岸田文雄外務大臣パナマ公式訪問 。

● 行政上の地方構成

10の県：ボカス・デル・トロ、チリキ、コクレ、コロン、ダリエン、エレラ、ロス・サントス、パナマ、ベラグアス、西パナマ
77の地区
5つの先住民保護区：クナヤラ、ノベ・ブグレ、ナソ、ブリブリ、エンベラ・ウォウナーン

● 東京（成田空港）からパナマシティー（トクメン空港）へのフライト情報（2016年6月現在）

航空会社	ルート	飛行時間	日程
American Airlines (Dallas, Miami)	Narita – Dallas（12時間） （乗り継ぎ: 2時間） Dallas – Miami（3時間30分） （乗り継ぎ: 2時間40分） Miami – Panama（2時間30分）	18時間	成田発:11:30AM パナマ着:7:50PM
Delta Airlines (Atlanta)	Narita – Atlanta（12時間40分） （乗り継ぎ: 2時間49分） Atlanta – Panama（4時間）	17時間	成田発:3:30PM パナマ着:9:00PM
JAL, COPA (L.A.)	Narita – Los Angeles*（10時間） （乗り継ぎ:10時間30分） Los Angeles – Panama（5時間30分）	15 時間30分	成田発:5:25PM パナマ着:10:22AM（翌日）
United Airlines, COPA (Washington D.C)	Narita – Washington D.C* （12時間30分） Washington – Panama（4時間）	17時間	成田発:4:00 p.m パナマ着: 3:30 p.m（翌日）
ANA, COPA (Washington D.C)	Narita – Washington D.C.* （12時間30分） Washington – Panama（4時間）	17時間	成田発:11:10 a.m パナマ着:10:40 a.m（翌日）

現地旅行会社PANABEST 山本陽子作成　2016年6月時点

松井 恵子

旅と歴史と古地図が好きな元南米駐在員の妻。アルゼンチン、ブエノスアイレスに6年、アメリカ合衆国、カリフォルニア州ロサンゼルスに4年在住。その他メキシコのメキシコシティ、グアダラハラと、アメリカ合衆国のケンタッキー州ルイビルに滞在。

パナマ

歴史と地図で旅が10倍おもしろくなる

平成28年7月5日　初版印刷
平成28年7月15日　初版発行

著　者：松井 恵子
発行者：佐藤 公彦
発行所：株式会社 三冬社
〒104-0028
東京都中央区八重洲2-11-2 城辺橋ビル
TEL 03-3231-7739　FAX 03-3231-7735

印刷・製本／中央精版印刷株式会社

ISBN978-4-86563-017-6